John Carpenter

Prince
of
Darkness

di
Stefano Falotico

Titolo | John Carpenter – Prince of Darkness
Autore | Stefano Falotico
ISBN | 978-88-27845-47-9

Youcanprint *Self-Publishing*
Via Roma, 73 - 73039 Tricase (LE) - Italy
www.youcanprint.it
info@youcanprint.it
Facebook: facebook.com/youcanprint.it
Twitter: twitter.com/youcanprintit

Notte aliena e macabra, alle pendici eruttive del mio interiore ruggire. Scarnificato, deambulo fantasmatico, crocifisso alle mie emozioni slabbrate, nella membrana paralizzante di un appartamento spettrale, nella cui atmosfera soffoco, avviluppato dalla sua strozzante tetraggine che profuma di adamantino, lucente, raffinato avorio. E la mia mente, sepolta viva, lentamente, respirando sempre più d'ossigenanti neuroni, si sterilizza nel pacifico, silente mormorio tagliente di reminiscenze cinematografiche che, screziando il mio cuore e radendolo d'incisioni mnemoniche, lo innalzano in gloria d'abbrustolente ardore.

Sì, quest'appartamento è spoglio, scarno come il volto pietrificato del *poster* appeso a quella bianchissima, ruvida parete. Che ritrae nudamente i lineamenti ossuti di un uomo che tanto issò nella mia anima il fulgido splendore delle mie oramai eterne memorie. Un volto etereo, che occhieggia malandrino a scolpire il mio cuore nell'irradiarmi brividi laconici dentro le mie sfrenate viscere e interiora, come se dai sepolcri dei miei puri, immanenti, emozionali nitori, or attraverso i suoi occhi, come un affamato vampiro, dopo incessanti bui e patimenti strazianti, m'incorporassi alle più solari aurore.

Il suo nome è John Carpenter, principe della mia invincibile, stupenda tenebra virulenta.

Ebbene, ottenebrato da falsi miraggi, mi dischiudo e lentamente aspiro perfino la tensione muscolare di miei arti selvaggi che, ribelli, scalpitano per ambire al germogliare di nuova, madida luce, e nel sole di questa giornata sull'imbrunire, in tal tramonto cereo frastagliato da nuvole livide, dopo essermi spento e inaridito, ecco che rimembro John Nada, trafitto e illuminato da nuove estasi visive, per un risveglio della coscienza addormentatasi in tanto trambusto di gente farisea a pensarsi savia e invece poltrente appunto da incosciente e dormiente.

Oh sì, e con far saggio parlo quasi da sobillatore, ma non millanto nessuna falsa verità, enuncio il vero più profondo e arcano, quello che da millenni schiavizza l'uomo in un addormentamento fuorviante, castigante, vigliaccamente furfante.

1.
They Live

Ebbene, oggi voglio parlarvi di **Essi vivono** (*They Live*), al solito del Maestro per antonomasia, il re dei brividi e il profeta del nostro mondo, sospeso com'è nella perentoria immanenza di un presente inevitabilmente ancorato al passato, ma in perenne, continuo, inarrestabile, putrefacente divenire. Un mondo già squagliato, eroso, malato e infetto, che imperterrito però prosegue nel suo aderire adorante a un processo irreversibile forse di autodistruzione, soccombente a una crisi incombente, ma invisibile ai più, scongiurata dalla retorica insistita e invadente dei *mass media* che, con le loro *fake news*, influenzano il nostro stile di vita, sgualcendolo nella sua incontaminata, libera, democratica bellezza.

Film uscito in patria, cioè negli Stati Uniti, il 4 Novembre del 1988 e arrivato da noi, come sovente tutt'ora accade con molte pellicole contemporanee, in leggero ritardo, ovvero il 16 Aprile del 1989. Film della durata secca e oserei dire nerboruta di un'ora e trentaquattro minuti. Sì, perché Carpenter non ha mai amato girare lungometraggi troppo lunghi ed è sempre stato puntualmente contenuto nel minutaggio, rimanendo sotto le due ore. Anzi, filmografia alla mano, posso altresì confermare che solo **Christine** e **Starman** si avvicinano a 120 min. ma neppure ci arrivano, gli altri stanno invece tutti molto sotto. Insomma, Carpenter ha rispettato inderogabilmente questo permanente parametro, e non credo sia un caso, ma una scelta, quasi un suo stilema e marchio inconfondibile di fabbrica. Questa è un'altra delle sue caratteristiche, la stringatezza sintetica delle sue opere non inficia l'effettiva, radente potenza incisiva del suo Cinema.

Anzi, nella lapidaria sinteticità delle sue opere consiste e rifulge vigorosa la loro concisa efficacia inattaccabile e poderosa.

Essi vivono è un altro dei suoi indubbi capolavori. Sì, lo è. Con buona pace dei suoi infimi detrattori che si ostinano a relegare questo film semplicemente fra le interessanti pellicole d'intrattenimento. E sostengono che sia sopravvalutato.

Dicevo della durata. Sì, su per giù è quanto quella di una puntata un po' più espansa di **Black Mirror**. E non a caso cito la serie Netflix che da qualche anno a questa parte spopola tra milioni di *fan*. Io non ne sono affatto un cultore e più di tanto, nonostante ne riconosca i pregi e nudamente ammetta che il suo fervido creatore Charlie

Brooker abbia compiuto davvero dei prodigi immaginifici, non mi son lasciato incatenare e influenzare dall'orda di sfegatati ammiratori che l'elevano superbamente in auge. E sapete perché? Perché molti dei suoi temi trattati, come l'influsso subliminale delle tecnologie, l'alienazione dell'alterata società contemporanea, ideologicamente lobotomizzata dalla meccanizzazione delle coscienze, eran già stati ampiamente evidenziati in questo film seminale di Carpenter. Sì, perché uno degli enormi pregi di Carpenter è sempre stato quello di aver inventato idee a profusione, di aver vivificato la fantasia più creativa e aver anticipato il Cinema e la televisione a venire. Quasi tutte le sue opere sono infatti modelli granitici, eterni, progenitori e ispiratori di ciò che è venuto dopo e di quel che inesorabilmente gli è stato anche, volente o nolente, inconsapevolmente debitore.

Detto questo, Carpenter firma qui, oltre alle musiche, anche la sceneggiatura, attingendo a un racconto del 1963 di Ray Nelson, *Alle otto del mattino*, e celandosi dietro lo pseudonimo di Frank Armitage, che è peraltro il nome di uno dei co-protagonisti del film.

Ecco qua la storia... un vagabondo senza meta, John Nada (interpretato dal compianto ex *wrestler* canadese Roddy Piper, morto a soli 61 anni per un arresto cardiaco nel 2015), arriva a Los Angeles in cerca di lavoro. Grazie all'aiuto di un uomo di colore, Frank Armitage appunto (Keith David), viene assunto come operaio in un cantiere e alloggia assieme a lui in una baraccopoli ai piedi di una periferia fatiscente che affaccia sugli svettanti grattacieli di cristallo della metropoli. E già sarebbe da lodare Carpenter per quest'uso suggestivo delle *location*, il covo dei diseredati in contrasto col panorama e lo sfondo sfavillante delle luci roboanti della città. Contrasto che acquisisce toni seducentemente ipnotici agli occhi di noi spettatori nelle prime cupe, irreali e perfino fiabescamente macabre scene notturne, quasi nebbiose e traslucide.

Nada però si accorge subito che qualcosa non va... e bizzarri accadimenti gli gravitano intorno. Un invasato predicatore cieco, in pieno delirio da apparente sobillatore, sprona la gente del luogo a vedere il mondo nella sua trasparenza, mentre un altro uomo invia indecifrabili, criptici messaggi attraverso delle interferenze televisive, affinché la gente possa ridestarsi dal torpore e dal buio delle loro anime addormentate.

Inoltre, nella strada antistante, c'è una chiesa. Nada vi entra di nascosto e se n'incunea, e scopre ben presto che lì la gente non si riunisce per pregare o assistere alle funzioni religiose, bensì si sta organizzando per cospirare contro lo Stato dittatoriale.

La sera stessa le forze dell'ordine violentemente fanno irruzione nel campo "nomade", lo sventrano e lo sgomberano, facendo piazza pulita. Il mattino dopo, Nada ritorna nella chiesa e rinviene in una scatola un paio di occhiali da sole. Li indossa e cammina per le strade. E la realtà gli si svela paurosamente per quella che è. Molti degli abitanti gli appaiono ora come degli alieni-zombi, scarnificati e scheletrici, Nada comprende spaventevolmente che la città è sotto assedio e legge scritte come "Stay Asleep", "No Imagination", "Submit to Authority", mascherate dietro la pubblicità e i cartelloni promozionali.

Insomma, il mondo è tenuto in scacco da una fazione di governanti totalitaristici che sta imprigionando a livello subconscio le persone, desensibilizzando le coscienze di massa con messaggi e simboli occultamente persuasivi per invogliarli al consumismo e per bloccare e inibire i loro liberi arbitri.

Inutile che vada avanti nel raccontarvi per filo e per segno la trama. Guardate o riguardate il film o consultate enciclopedie *online* come Wikipedia per far promemoria di quel che verrà dopo.

Come andrà a finire? Lo scoprirete solo amandolo...

Carpenter, pur con scarsità di mezzi (solo quattro milioni di dollari di *budget*), dà fondo a tutta la sua vulcanica inventiva, profetizzando perfino i droni odierni, e il suo film è un chiaro attacco alla società capitalistica. Se negli anni cinquanta i nemici erano i comunisti, a fine anni ottanta sono i rampanti e edonisti *yuppies*.

Sì, la pellicola ha anche vistosi difetti e, al di là del finale con qualche opportuno effetto speciale, è puro artigianato girato con quattro soldi. E Piper, che attore professionista non era, è visibilmente in imbarazzo e impacciato soprattutto nelle scene iniziali, e pare spesso che, col suo sguardo indeciso e goffo, si rivolga a Carpenter per capire meglio come deve girare le scene. Ah, quelle mani in tasca... Incertezza recitativa che neanche il montaggio conclusivo è riuscito a cancellare, ma forse proprio nell'imbranataggine simpatica e nella modesta naturalezza espressiva di Piper, scelto probabilmente apposta per il suo corpaccione da *worker*, da proletario rozzo, risiede il fascino del film. Nella sua rude schiettezza.

E se trascuriamo qualche palese didascalismo forzato, il messaggio inviatoci da Carpenter trent'anni fa era quanto mai attuale e divinatorio: il male c'è, dietro il falso benessere vi è celato l'orrore, ma siamo stati resi ciechi da anni di condizionamenti televisivi e massmediatici per accorgercene. Forza, gente, *they live, we sleep*, è tempo di riaprire gli occhi una volta per tutte. E ribellarci.

Masterpiece! Non si discute!

2.
Escape from New York

Dopo tanto sbiadirmi nel tormento, mi aggrappo alle notti mie più arcane, laddove nell'adolescenza talvolta gioiosa ma anche addolorante, rifulsi in celestiale gloria di visioni persino profane, perché rinnegavo le autorità costituite, il totalitarismo castrante, le manichee regole bugiarde. E m'annerii nel nitore ammaliante di una lunga avventura notturna seducente come profumo virile fragrante, una peripezia ininterrotta, alle pendici delle mie voragini, del mio esistenzialismo tenebroso, nichilisticamente fuori da ogni confine perimetrato, da ogni compartimento stagno, nella sola, potente zona gigantesca dell'immaginazione padrona, della fantasia interminabile e mai logora, sorvolando come Jena Plissken lo splendore maciullato della città decadente della mia anima risquillante, ombrosa ed esoterica, nel planare lieve sugli spettrali chiarori dei miei cardiaci battiti tonanti, scalpitando leggero come dentro il *Gullfire*, delicato aliante dei miei sogni fugaci e leggiadri, di vita vivida squillanti...

Ebbene, nel 1981 usciva questo film, che non è solo un film...

Da noi sbarcava il 15 Ottobre, per la durata di 1h e 39 min. Diventando nella manciata di un paio di settimane lorde e secche un *must*, poi diverrà un *cult*.

All'epoca non potei andare a vederlo al cinema, essendo io del '79, anche se avrei potuto sgambettare per qualche sala d'*essai* forse ancora col ciuccio in bocca al posto della benda di Jena, e so che già a quell'età me lo sarei goduto da Baby Herman.

Dopo circa trentacinque anni dalla sua uscita, la domanda che ogni appassionato di Cinema, vero, schietto, si pone è se John Carpenter abbia firmato davvero un caposaldo della Settima Arte o sia stato bravo, a quei tempi, a smerciarlo per tale. Insomma, molti sono tutt'ora perplessi riguardo al vecchio John, non sopportano l'appellativo di genio che i suoi adoratori gli appioppano ed essendo amanti di un Cinema artificiosamente galante, che loro definiscono elegante, quando invece scambiano le leziosità e le affettate, appunto, artefatte sofisticatezze inutili per stile raffinato, non rendendosi conto che amano tutt'al più un Cinema estetizzante e vuoto, adulterato e, questo sì, corrotto, sono dunque convinti che **Fuga da New York** rientri nella categoria dei sopravvalutati.

Ecco, questo mio periodo non è stato un anacoluto ma rende perfettamente la confusione di queste persone che stanno contraffacendo il Cinema, teorizzandolo oltre il dovuto, con far che mal tollero. E sono loro invece i primi, odiosi amanti boriosi delle assurde "costruzioni sintattiche" del loro ombelicale, ampolloso ipergiudicare e minimizzare qualsiasi cosa, distorcendo il Cinema in toto, elevando a geni persone fasulle e i facili imbonitori retorici e sminuendo gente come Carpenter che merita sempre un posto d'onore sul trono.

Questo per dire che coloro i quali, a distanza di quasi quattro decenni, non reputano questa pellicola un capolavoro e pensano che Carpenter, con quest'abissale colpo, abbia vissuto sugli allori, meriterebbero di far la fine di Donald Pleasence. Grottescamente impalati alla loro pochezza e alla tronfia, morale lor esiguità umana, con una canzonetta derisoria a sbeffeggiarli mentre noi sfiliamo a testa alta verso un mondo oramai distrutto da tanta saccenteria miserrima e presuntuosa, anzi, untuosa. Fieri, puri idolatri del vero.

La storia la conoscete tutti. New York, o meglio l'isola di Manhattan, è stata trasformata in un enorme penitenziario ove, a mo' di ghetto degradato e pericolante, sono confinati i peggiori criminali d'America, e dal quale è impossibile fuggire.

L'aereo del Presidente degli Stati Uniti, l'Air Force One, viene dirottato da un manipolo di terroristi esaltati. E il Presidente è eiettato in mezzo alle rovine della gloriosa città che fu attraverso una capsula, grazie alla quale riesce miracolosamente a sopravvivere. Però, viene catturato dal fecciume più lercio di una banda senza scrupoli che lo tiene in ostaggio, chiedendo come riscatto alle forze speciali la liberazione di tutti i detenuti in cambio della sua vita.

Solo un uomo può penetrare in questa diroccata fortezza che è la Grande Mela, dominata dal crimine più sovrano, acciuffare il Presidente e riconsegnarlo alla libertà. Un uomo di nome Jena Plissken, un valoroso reduce di guerra però macchiatosi di tantissime colpe e reati. A lui verrà concessa la grazia se riuscirà a portare a termine tale missione impossibile. E, per far sì che non possa scappare e darsi alla macchia, le forze speciali si cautelano, impiantandogli delle micro-cariche in corpo che, allo scadere di ventiquattr'ore, lo ridurranno a brandelli, putrefacendolo in un nanosecondo.

Jena non ha alternative. Ce la deve fare, altrimenti creperà terribilmente. In caso di fallimento, inoltre, non gli verrà elargito nessuno sconto di pena.

Escape from New York è fantascienza fumettistica applicata al *western* metropolitano (da qui la presenza di Lee Van Cleef ed Ernest Borgnine), è Cinema del futuro eterno che usa modellini per ricreare lo *skyline* notturno, liquido e fascinoso di una città spettrale e senza luci, per immergerci in una dimensione spazio-tempo sospesa tra la suggestione ruvidamente romantica e la nitidezza magnifica della poesia d'immagini limpide nell'asciuttezza di una nottata che a sua volta precipita nell'alba opaca, nel tramonto di ogni illusione, nella rinascenza nichilista dopo tanto rovinoso oblio.

3.
Prince of Darkness

A volte la nostalgia s'impossessa di me e la mia anima viaggia nel tempo, addentrandosi nei ricordi che si oscurarono nel caravanserraglio ch'è la vita nel suo avanzar di baldorie e pensieri torbidi, e addento con vividezza bruciante tempi che, vivificandosi nella memoria ritornata, granitici ancor si stagliano adamantini a risorgimento di mie emozioni così vivamente resuscitate in gloria.

Ecco allora che rammento e rivedo un film di cui m'era sfuggita memoria, che vidi a noleggio, quando ancora imperavano le magnifiche videoteche a custodia di un mondo remoto eppur giammai perduto, esimie biblioteche di *VHS* mastodontici, da riscoprire nell'intimità sobria e afosa di una serata estiva. Assieme ad amici o ancor meglio da soli, per gustare e inalare ogni terrorizzante paura da lor emanata e rabbrividirmi incantato. Per scorticarmi nella *suspense* ardente d'inestimabili capolavori lampeggianti or che nuove oscurità stan assediando il mio cuore stanco e rattrappito, che in analessi mnemonica ricoglie l'ardore lampeggiante di gioielli eternamente intoccabili, preziosità assolute dall'ancestrale lucentezza profumata d'immane bellezza enigmatica e carezzevole come l'ambiguità della seduzione del male...

Ecco che, a cavallo di **Grosso guaio a Chinatown**, altra sua vetta indiscutibile, ma che all'epoca fu incomprensibilmente respinta dai suoi fan, film che non capirono subito e lo scambiarono soltanto per una divertente spielbergata, Carpenter ancora una volta spiazza tutti e si reinventa, girando **Il signore del male**, *Prince of Darkness*.

Opera capitale e primaria.

Con un budget risicato, ridotto all'osso, soltanto tre milioni di dollari, ma idee a profusione da vendere, e nessun attore di grido nel *cast*.

Questo film è annoverato dai suoi cultori come facente parte della sua Trilogia dell'Apocalisse, che comprende il precedente **La cosa** e **Il seme della follia**. Anche se ciò serve più che altro ai dizionaristi per categorizzarlo, poiché le opere di Carpenter non sono ascrivibili a nessun tipo di classificazione netta e generica. L'intera sua filmografia è per certi versi apocalittica, premonitrice di un futuro sull'orlo del collasso e del disfacimento, ogni suo singolo lungometraggio potrebbe essere annesso a questo fantomatico filone e, per la vastità di temi che Carpenter tocca e per l'universalità dei suoi complessi e stratificati messaggi, ogni suo film è un epigrafico e al contempo sterminato monito riguardo al futuro disastroso che potrebbe attendere l'umanità se non si atterrà a principi di moralità inalienabili.

Corre l'anno 1987 e Carpenter filma quest'*horror* metafisico di portata immensa. Sceneggiandolo sotto lo pseudonimo di Martin Quatermass, e al solito musicandolo in collaborazione col suo fido Alan Howarth. E il direttore della fotografia, Gary B. Kibbe, che compie uno strabiliante, quasi impalpabile e magicamente avvolgente lavoro, seducendoci d'ipnotismo visivo, tanto che con le sue luci soffuse e sporche ci magnetizza in stato di stregata *trance* come i barboni-zombi di questa pellicola, è la prima volta che si affilia, potremmo dire, a Carpenter. Dopo lavorerà quasi sempre con lui.

Siamo a Los Angeles negli anni ottanta. E i primi venti minuti sono sensazionali.

Veniamo immersi in tale cupa, segreta atmosfera di morte imminente, come se una sciagurata catastrofe potesse avvenire da un momento all'altro.

Un prete (un grande Donald Pleasence) si aggira nei sotterranei di una chiesa abbandonata e nel frattempo seguiamo, in parallelo, le lezioni universitarie del professor Howard Birack (Victor Wong), esperto di fisica e di anti-materia che tiene ai suoi allievi.

Angoscia e tetraggine incalzano a dismisura, mentre un'eclissi albeggia inquietante nel firmamento, congiunzione e combaciamento quasi carnale e materico del Sole, stella madre primordiale che dà la vita e forgia le creature terrestri nel gaudio e nella luce infinita, e della Luna, che per Carpenter è il simbolo dell'isterilimento e della putrefazione, un accoppiamento metafisicamente coitale. Speculare compenetrazione mesmerica e ontologica abissale.

Il prete invita il professore e i suoi studenti nella sua chiesa, al fine che investighino su una misteriosa teca di cristallo contenente da settemila anni un liquido verde in perpetuo, imperterrito movimento, cioè la liquefazione essente del Male, dell'Anticristo, dell'Anti-Dio o addirittura di Dio stesso, perché forse il Maligno, Satana, e nostro Signore sono le facce di una stessa medaglia.

Gli studenti, tramite sofisticate apparecchiature, ricevono trascritti sui loro *computer* i criptici messaggi che il liquido invia loro. E cercano di decifrarli.

Allora, stupefatti e increduli comprendono che Satana è Dio e Dio è Satana, probabilmente questa è la verità inaudita che la teologia cristiana ha tenuto sempre nascosta, sepolta sotto l'inganno che fossero invece due realtà antitetiche e in marcata contrapposizione. Una rivelazione spaventosa.

Nel frattempo dei mendicanti in stato catatonico si aggirano all'esterno della chiesa e avvengono brutali omicidi.

Il liquido fuoriesce dal cilindro e a uno a uno comincia a contagiare gli studenti. Il Male si sta propagando e incarnando attraverso le lor sembianze. I ragazzi, quando si addormentano, fanno tutti lo stesso sogno, che altri non è che una trasmissione di origine non identificata, forse di natura aliena, che proviene dal futuro, dall'anno 1999, ed è inconsciamente comunicata loro nella fase *REM*. Diffusa subdolamente al loro inconscio perché possano cambiare il corso degli eventi. I superstiti sono sempre meno e, addirittura, una di loro, Kelly (Susan Blanchard), viene posseduta totalmente dal liquido e subisce una mostruosa trasformazione, una possessione demoniaca raccapricciante, il suo corpo marcisce, sì, si putrefà come stigmatizzato da escoriazioni e ustioni profondissime, lei muta e si risveglia dal sonno in cui era caduta, i superstiti provano ad abbatterla, la smembrano e decapitano, ma lei non muore e il suo corpo si rigenera, le ricresce il braccio e raccoglie la sua testa dal pavimento, riattaccandola al collo. Quindi, si reca in prossimità di un grosso specchio, portale ultra-dimensionale. V'inserisce la sua mano dentro, stringe e afferra quella di suo padre, la Bestia o forse Dio, per portarlo nel nostro mondo, affinché il Male possa regnare sovrano e incontrastato.

Ma a quel punto, una delle ragazze, Catherine (la compianta Lisa Blount), si lancia contro l'indemoniata Kelly e la trascina con sé nella dimensione infernale, da cui non c'è via di ritorno. Catherine è morta o forse è stata per sempre intrappolata nell'altrove oscuro. Il prete sferra un'ascia contro lo specchio e distrugge, annienta il tremendo incantesimo. L'incubo è finito, o forse no. Il giorno dopo, uno degli studenti, Brian (Jameson Parker), che, contraccambiato, si era innamorato di Catherine, rifà lo stesso sogno ma, anziché vedere quello strano figuro vestito di nero che era apparso a tutti, al posto suo intravede Catherine. Si ridesta e per un attimo sobbalza terrificato perché scorge Catherine, satanicamente, accanto a lui nel suo letto. In verità sta ancora dormendo, poi il sogno finisce definitivamente. Si alza dal letto e si avvicina allo specchio della sua camera, prova a toccarlo ma, prima che lo tocchi, il film finisce. Lasciandoci nel dubbio più atroce.

Capolavoro. Horror purissimo, contaminazione pazzesca di generi, che occhieggia a Romero con echi lovecraftiani (e infatti il cognome del personaggio di Lisa Blount è *Danforth*, come uno dei protagonisti di *Alle montagne della follia* di H.P. Lovecraft), miscela ardita e sperimentale, avanguardistica, indistricabilmente geniale.

Molti hanno accusato il film di essere troppo verboso, hanno detto che è lento e gratuitamente truculento nel finale, e che gli attori sono pedestri e mal diretti. Tutto ignobilmente falso, questa è invece assolutamente una delle opere maestre e capitali di Carpenter. E anche il cameo di Alice Cooper, cantante *heavy metal* che firma il *theme* principale, *Prince of Darkness*, da cui il titolo originale della pellicola, ci sta da Dio. Apparizione diabolica.

Siamo nell'ermetica tenebra della più alta magnificenza.

Nel territorio portentoso dell'ignoto più accattivante e magistrale.

4.
Riflessioni

Molte persone, mi sono accorto, strumentalizzano il Cinema di Carpenter a piacimento, secondo il loro bacato solipsismo. Allora *Essi vivono*, ai loro occhi, si para come un manifesto quasi sindacalista sulla lotta di classe. Lo è, ma solo in infinitesima parte. E addirittura arrivano a dire che Carpenter profetizza una società più equa ove noi tutti dovremmo lavorare soltanto un'ora al giorno e poi godercela, dedicandoci ai nostri interessi. Ribaltando invece la sibillina, inequivocabile chiarezza del suo, oserei dire, telegrafico, semplice messaggio diretto. Hanno insomma equivocato il suo inconfondibile messaggio di equità sociale. Carpenter non sostiene che dovremmo disinteressarci del lavoro, anzi, dai principeschi suoi stessi lavori e dalla precisione meticolosa della sua sofisticata intelaiatura multi-tematica, dalla sfaccettatura delle sue opere, emerge semmai un discorso più profondo e radicalmente umanista. Carpenter non dice che l'edonismo rappresenta necessariamente un male e un cancro inestirpabile della società, ma in *Essi vivono* par che voglia asserire e gridar potentissimamente che forse chi è affranto, impoverito o dirotto e non ha più nulla da perdere, è paradossalmente più cosciente della realtà e la vede con occhi liberi da condizionamenti, senza che possa esser irretito in trappole subdolamente psicologiche e ricattatorie. In questa libertà che, di primo acchito, potrebbe sembrare schiavizzante, coercitiva, una prigione psicologica nella quale per sopravvivere si è costretti giocoforza a mercificarsi e a adattarsi alle più basse regole impartiteci, in tale apparente disperazione senza vie d'uscita, chiunque non sia guastato dagli ingranaggi capitalistici può argutamente aprire la mente e captare, decifrare meglio i segnali e gli agenti patogeni esterni di un mondo robotico, alienato, allineato ad assurdi, inviolabili canoni del pensare comune, un mondo irreggimentato a dettami indotti e a dogmatici inganni di massa.

Ove i mezzi d'informazione distorcono la verità, modellandola a convenienza della società consumistica, facendo capo a un potere e un regime totalitario e schiavista, che imbriglia e telecomanda le anime.

Tutto qui.

Impossibile aver frainteso.

Ecco perché, prima di **_Essi vivono_**, abbiamo avuto il nichilismo di **_Escape from New York_**.

Jena Plissken è un archetipo, apparentemente un furfantesco criminale sprezzante e sardonico, invero è un disilluso e un nullista, uno sconsolato mercenario che, in cambio della sua libertà, compie il suo dovere di cittadino in una società allo sbando, rovinosamente distrutta probabilmente dal fascistico potere rappresentato dal Presidente degli Stati Uniti, un finto eroe soltanto perché può fare solo quello per salvare la pellaccia. Ma poi non gliene frega niente di scambiare il nastro del discorso presidenziale alle altre nazioni per salvare il mondo dalla Terza Guerra Mondiale, con la registrazione di una canzonetta, perché lui è già sopravvissuto e del bene di un'umanità tanto corrotta e marcia non gli importa più nulla, nella maniera più strafottente, canzonatoria e malinconicamente impassibile. Perché la tragedia e la catastrofe son già avvenute, Manhattan, dallo splendido quartiere elegante che era, fiore all'occhiello del mondo intero, si è trasformata in monnezza, come diciamo noi, la meraviglia del mondo nella sua più squallida, brutta mondezza.

Un mondo cioè immondo. Per cui non vale più la pena combattere.

La stessa disillusione immane traspare da *Il signore del male*, perché una certezza assolutista che pareva inconfutabile, su cui l'uomo cristiano ha basato e costruito ogni suo convincimento, attraverso i millenni, cioè che Dio fosse il dominatore del nostro universo, un Dio buono e misericordioso, è stata mostruosamente confutata, lasciandoci atterriti e sconvolti, impauriti dal buio più buio della notte più allucinante e agghiacciante. Dio è forse il Diavolo, e il Diavolo è Dio. Roba da farci tremare di brivido spaventoso sin alla fine di tutti i tempi.

Sì, per Carpenter esistono varie forme di realtà, esistono dimensioni parallele da cui noi siamo avulsi perché conformatici a convinzioni e convenzioni spesso soltanto utilitaristiche rispetto a una realtà illusoria, meschina, della quale siamo quasi sempre oscenamente schiavi, impigriti dalla globalizzazione di massa, e perdiamo di vista la dimensione prospettica di un aldilà non solo dalla nostra cultura divinizzato, o a Satana consacrato, che presuppone l'esistenza di queste realtà spirituali, ma dell'aldilà inteso come spazio intergalattico delle nostre coscienze, ahinoi, attraccate a dogmi falsi e un modo di concepire la vita distorto e limitato.

E a ogni sua opera pare ammonirci dall'aver segregato la nostra florida voglia di scoprire l'universo e i suoi misteri nell'esserci appisolati e abbindolati al potere istruttivo, quindi in tal caso distruttivo, della regolata, mendace planimetria subliminale dell'orrendo mercimonio percettivo fattoci mangiare da chi, arbitrariamente, ha deciso che l'unica realtà inconfutabile debba essere senz'alternative quella apparente immessaci nelle coscienze attraverso un laborioso, insistito programmarle, deformandole nel strutturarle corrottamente in questo modo morboso.

Pestilenzialmente omicida delle nostre anime ondose...

D'altronde il sogno de **Il signore del male** ve lo ricordate?

Questo non è un sogno. Non è un sogno. Noi usiamo il sistema elettrico del tuo cervello come una ricevente. Non possiamo trasmettere attraverso interferenze consce. Tu ricevi questo messaggio come se fosse un sogno. Noi trasmettiamo dall'anno 1-9-9-9. Ricevi questo messaggio perché tu possa modificare gli eventi che vedrai. La nostra tecnologia è conosciuta da coloro che hanno delle trasmittenti abbastanza potenti da raggiungere il tuo stato conscio e la tua consapevolezza. Ma questo non è un sogno. Tu vedi quello che succede realmente.

Aprite gli occhi, pare sussurrarci Carpenter mentre stiamo ancora dormendo, inebetiti.

5.

Big Trouble in Little China

Ebbene, **Grosso guaio a Chinatown**.

Dopo il *TV movie* **Elvis**, dopo **Escape from New York** e **The Thing**, torna la strepitosa accoppiata Carpenter/Kurt Russell, anche se la 20th Century Fox, che fu produttrice della pellicola, aveva inizialmente pensato a Jack Nicholson e a Clint Eastwood per la mitica parte gaglioffa dell'immenso Jack Burton, il *character* principale di questo *divertissement* stralunato e geniale da perderci la testa. *Mix* straordinario, puro e spericolatissimo di *kung fu* movie e *action*, avventura per ragazzi di ogni età, senza tempo, pellicola uscita da noi il 5 Settembre del 1986. E considerata, in maniera sesquipedalmente erronea, dai fan di Carpenter, un passo falso, perché reputata un'imitazione dei film di Spielberg. Niente di più atrocemente falso e sbagliato. Questo è un immortale film sballato in senso più altamente positivo, come sempre è avvenuto con Carpenter, precursore del Cinema a venire, anticipatore di mode e tendenze semmai dagli altri poi imitatissime, sì, son sempre stati gli altri a emulare il suo Cinema e non il contrario, John al massimo ha attinto dal passato per ricreare con originalità, dando sorprendente linfa a ogni sua sperimentazione portentosa.

Che film!

Commistione inauditamente spassosa di fantasia al potere miscelata in un ritmo vincente, intrattenimento intelligentissimo che non sbaglia un colpo, una pellicola piena zeppa di dialoghi ficcanti, di battute memorabili da cult istantaneo, una perla ancora una volta intoccabile. Un altro spiazzante colpo da *Master* del Cinema, potente, indimenticabile, un film che non ci si stanca mai di vedere anche dopo mille visioni. Che puoi vedere a otto anni e anche a ottanta senza annoiarti, nonostante tu lo conosca a memoria, riscoprendo perle nel suo stesso splendore perlaceo. E se uno gira un film che piace da morire quando si è bambini e piace anche quando sei in là con gli anni, be', come si fa a dire che Carpenter non è un genio? Riparliamone, rivediamolo tutti assieme, per rigoderlo nuovamente dal primo all'ultimo secondo nei suoi 99 min. liscissimi e furiosamente sollazzevoli.

Che roba di un altro pianeta, un oggetto misterioso dal fascino inarrivabile, un film "*UFO*", e che classe nel girato, che schiettezza efficace nella messinscena, diretta, senza fronzoli, un *trip* visivo ai confini della realtà. Caleidoscopio filmico di colori pindarici, magicamente fluttuanti in sfumature a incendiare le nostre iridi come fossimo di fronte a un meraviglioso arcobaleno, colori saturi e nitidissimi, acquosi e verdi, rosso fuoco e poi cerei come l'acqua scrosciante della pioggia torrenziale di un *incipit* già d'antologia, colori schiumosi intrecciati a una vertiginosa suspense calibrata sulla solita trascinante, cavalcante, oserei dire, eccitantissima colonna sonora furente, sempre naturalmente a firma di John Carpenter.

Benvenuti nella terra di John. E questa è la storia...

Nelle intenzioni originali, doveva essere un western con un *cowboy* solitario che liberava una donna bellissima dagli artigli e dalle maledette grinfie del *villain* di turno. Poi Carpenter ha deciso di virare su toni orientaleggianti, partorendo un film immerso nella fantasia più luccicante.

Ecco che abbiamo un tipo da bettole, un rozzone, un camionista un po' mattoide, Jack Burton (Kurt Russell), che è stranamente amico, date le vistose differenze di carattere, di Wang Chi, un cinese che, dopo aver risparmiato per tutta la vita, vuole convolare a giuste nozze con la ragazza dei suoi sogni, che lo aspetta all'aeroporto di San Francisco.

Ma, all'aeroporto, questa ragazza dai lucenti occhi verdi viene rapita dai Signori della Morte, che la vendono come schiava del sesso a un bordello di Chinatown.

Al che parte la sarabanda di colpi di scena. Jack e Wang si mettono immediatamente sulle tracce della ragazza rapita, inseguono i Signori della Morte, svoltano in un vicolo e assistono a un combattimento fra *gang* delle triadi cinesi. Nel bel mezzo dello scontro, ecco che sopraggiungono sul luogo, come sputati giù dal cielo, dei combattenti dai poteri paranormali, le Tre Bufere. Che fanno piazza pulita di tutti, invulnerabili nella loro sovrannaturale potenza guerriera. Jack e Wang, che intanto sono asserragliati nel camion e, impassibili, vedono l'incredibile materializzarsi sotto i loro occhi stupefatti, cercano di scappare e Jack, col suo camion, investe uno strano figuro dalla risata sbeffeggiante e sardonica. È David Lo Pan, stregone-fantasma che appartiene alla leggenda di un antico mito cinese. Lo Pan rimane illeso.

Su Lo Pan grava una maledizione, lui è un mostro che si spaccia per uomo, dotato di devastanti poteri magici, e vive oramai da millenni nei sottosuoli più tenebrosi di Chinatown.

Ecco perché quella ragazza è stata rapita. È l'unica donna cinese, una miracolosa rarità genetica, che possiede gli occhi verdi. La maledizione di Lo Pan, tormentato e costretto a vagare nel mondo da ectoplasma, verrà sconfitta se lui sposerà, appunto, una donna cinese dagli occhi verdi.

Jack e Wang, assieme ai loro amici, a un'avvocatessa, Gracie Law (Kim Cattrall) e a un illusionista di nome Egg Shen (Victor Wong), naturalmente lotteranno affinché ciò non possa avvenire.

E tutti assieme appassionatamente s'infiltreranno nel covo di Lo Pan.

È allora che deflagra, visivamente stupendo, tutto l'incandescente furore immaginifico di Carpenter, che avrà il suo culmine nel magistrale combattimento finale, orchestrato alla perfezione.

Dicevamo... questo film all'epoca fu respinto perfino dagli ammiratori di Carpenter, che non compresero affatto lo spirito ludico che lo sottendeva. E incassò pochissimo. Soltanto dopo numerosi passaggi televisivi, il film è stato unanimemente considerato un *"untouchable"* della sua filmografia.

Sia chiaro, rivisto oggi, mostra numerose pecche e perfino qualche grossolanità: possibile che Wang svolazzi e combatta come un *ninja* e non avesse mai prima di allora rivelato le sue doti atletiche da campione stupefacente di arti marziali? Ma, nella sua ingenuità dichiarata, sfacciatissima, il film funziona magicamente. Proprio perché non si prende mai sul serio, e Carpenter, sappiamo bene, è sempre stato un indiscusso fuoriclasse di autoironia.

Ma basterebbe la scena iniziale del vicolo, di un'atmosfera ipnotica ed esotericamente mozzafiato, per farci capire che siamo di fronte al maestro per antonomasia, John Carpenter. Cioè al cospetto di uno che, anche quando scherza e pare burlarsi di noi, gira con una classe, un senso del ritmo, degli spazi e con un sopraffino gusto delle immagini, da lasciarci sbalorditi e ammaliati.

6.
Fog

Nel 1980 John Carpenter esce con questo film che fu freddamente accolto dalla Critica ma andò invece molto bene al botteghino e che lo stesso Carpenter definì un *classico dell'horror minore*.

Anche se è sempre assai difficile parcellizzare Carpenter e i suoi film, e poter stilare parziali classifiche tra suoi film superiori e minori. Il film dura 1h e 29 min. e Carpenter fu costretto ad aggiungervi alcune scene per aumentare il minutaggio della pellicola, perché si accorse che l'originaria versione durava troppo poco per poter essere distribuita nelle sale. Così inserì un prologo iniziale in cui l'attore John Houseman, in piena notte, con la luna occhieggiante dall'alto e una cupa atmosfera di morte, racconta a dei bambini, seduti vicini a un falò in riva al mare, una macabra storia di fantasmi. Vale a dire il barbarico affondamento della nave *Elizabeth Dane* da parte dei sei padri fondatori della città San Antonio Bay. La Elizabeth Dane, un veliero capeggiato da un uomo di nome Blake, aveva a bordo dei lebbrosi che erano intenzionati a far rotta verso una colonia della stessa San Antonio Bay. Mentre sulla costa imperversava una fittissima nebbia, i sei fondatori della città dirottarono malignamente l'imbarcazione verso degli scogli, al fine che la nave si schiantasse uccidendo così tutti i suoi passeggeri. Per impossessarsi e depredare l'oro pregiatissimo nascosto nel forziere del veliero, e dunque potersi finanziare la chiesa e continuare nell'opera di costruzione della loro amata cittadina.

E il vecchio, continuando nel suo racconto spettrale, dice ai bambini che, trascorsi cento anni esatti da quella fatidica data del 21 Aprile di quella notte maledetta e sciagurata, i lebbrosi, reincarnatisi come zombi-fantasmi, torneranno in città, al calar della nebbia notturna, per vendicarsi del mostruoso assassinio perpetrato loro, uccidendo sei persone in rappresentanza di quei terribili cospiratori che contro di essi tramarono perfidissimamente. Per pareggiare i conti in una vendetta agghiacciante.

A distanza di cento anni esatti, appunto, in una nerissima notte nebbiosa, a San Antonio Bay cominciano a succedere strani fenomeni di *Poltergeist* e avvengono alcune morti fra i suoi abitanti, *in primis* quella di tre marinai in un peschereccio.

La maledizione si è avverata e, dallo scoccare della mezzanotte del 21 Aprile 1980 sino al sopraggiungere della mezzanotte successiva, la gente del luogo tremerà di paura in queste due notti interminabilmente spaventose. Inutile che vi stia a narrar la trama in ogni suo dettaglio, è un film che si regge su un'atmosfera meravigliosamente avvolgente, da *fantahorror* metafisico, su una fotografia caldamente satura di un *"habitué"* di Carpenter, Dean Cundey, ove il tema principale, a firma come sempre dello stesso Carpenter, la fa da padrone, immergendoci, con il rombar del suo sintetizzatore elettronico, nel clima di suspense e terrore della pellicola, quasi in stile Dario Argento.

E gli attori sono impeccabili, dall'affascinante ex moglie dello stesso Carpenter, Adrienne Barbeau, madre premurosa che conduce il programma radiofonico locale da un faro svettante su un monte roccioso, a Jamie Lee Curtis, dal coriaceo Tom Atkins alla faccia di pietra del grande Hal Holbrook, sin ad arrivare naturalmente alla mitica Janet Leigh di **Psyco**. Perché per certi versi il film è anche hitchcockiano. Forse non un capolavoro, nel finale perde un po' quota, ma un'altra perla del maestro John.

Per chi non lo sapesse: Jamie Lee Curtis e Janet Leigh erano rispettivamente madre e figlia nella vita reale. La Leigh ebbe Jamie dalla sua famosa relazione con Tony Curtis. La Leigh è morta a Beverly Hills il 3 Ottobre del 2004.

7.
Halloween

Ebbene, il prossimo 25 Ottobre uscirà nelle sale italiane **Halloween** di David Gordon Green (**Joe**, **Manglehorn**), vero e proprio *sequel* non apocrifo dell'originale, poiché prodotto dallo stesso Carpenter, regista capostipite di questa perla inaudita, l'ancora imbattuto, seminale **Halloween - La Notte delle streghe**.

Siamo nel 1978 e Carpenter ridefinisce un vero e proprio genere, inaugurando il filone *slasher*.

Cos'è nel Cinema lo **slasher** movie? Lo slasher, da non confondere assolutamente col più generico *splatter*, trae il suo nome dal verbo inglese *to slash*, che significa ferire in maniera profonda e letale con un'arma appuntita e affilata, e dunque si riferisce ai film horror in cui il protagonista è uno psicopatico omicida, un efferato maniaco che prende di mira, spesso in un geografico spazio ristretto o abbastanza limitato e circoscritto, come può essere un quartiere, un gruppo di persone perlopiù molto giovani, e intraprende contro di esse una spietata caccia brutale, uccidendole con armi da taglio, con coltelli acuminati oppure con grosse asce, per sventrarle e dissanguarle in modo micidiale.

Sì, come da sinonimi del verbo ferire, il protagonista barbaramente uccide violentissimamente le sue designate vittime, accoltellandole, pugnalandole, piagandole, trafiggendole, squarciandole indelebilmente, spesso mortalmente.

Ma **Halloween** non è solo questo. È, sì, un *thriller* furentemente sanguinario e suburbano, claustrofobico e tremendamente angoscioso, radente come un coltello dalla lama finissima, come suspense in perenne espansione, dilatata in trazione tesissima, distillata in vertiginoso crescendo inarrestabile e incalzante, ma è anche uno degli imprescindibili, profetici capofila del nuovo Cinema sugli assassini, un film nerissimo come può essere, appunto, il babau delle favole nere per bambini, colui che incarna il male nella sua accezione più pura e inquietante. Ma ci tornerò dopo...

Partiamo dapprincipio dalla trama.

Anno 1963: un bimbo di sei anni uccide a coltellate sua sorella in una notte buia, dopo che lei e il suo ragazzo hanno amoreggiato. Il bambino, di nome Michael Myers, viene rinchiuso in manicomio. Una tragedia di proporzioni devastanti.

Dopo quindici anni, in una notte di pioggia battente, Michael Myers evade dal manicomio criminale. È la notte del 30 Ottobre.

Il suo psichiatra, il dottor Loomis (Donald Pleasence), che ce l'ha in cura, o meglio in custodia sin da quando Myers è stato trasferito in manicomio, comprende immediatamente che Myers è tornato nella sua città natia, Haddonfield, e la mattina seguente avverte lo sceriffo, mettendolo in guardia sulla sua estrema, potentissima pericolosità. Va catturato quanto prima, prima che il male possa propagarsi e partorire altre irreversibili mostruosità.

Mattina del 31 Ottobre: seguiamo le scaramucce e le schermaglie adolescenziali di tre studentesse tanto disinibite quanto pudiche e timide, complessate, in preda all'imbarazzante turbinio dei loro ormoni su di giri, che si scambiano erotiche confidenze segrete sui ragazzi della scuola.

In particolare, seguiamo la vicenda (e Carpenter la "pedina" con insistiti e quasi ammiranti piani-sequenza) di Laurie Strode (Jamie Lee Curtis).

Mentre lei e la sua amica tornano da scuola, Laurie vede apparire, prima da dietro un cespuglio e poi dalla finestra di casa sua, uno strano figuro molto alto, con una tuta da meccanico, che indossa una lugubre, bianchissima maschera in viso. Lo rivela ad Annie ma lei non gli crede.

Entrambe le ragazze, nella notte di Halloween, così come vien detto nel film, "*babysittano*", questo è il verbo che testualmente è utilizzato nel doppiaggio italiano, sì, nella notte di Ognissanti fanno le bambinaie a dei pargoletti.

Scende la notte di Halloween, Michael Myers si aggira indisturbato nel tetrissimo quartiere, spia Annie, e alla fine la sgozza. È appena cominciata la strage, il male oscuro è ritornato veemente in tutta la sua spasmodica, invincibile furia, e altri due giovani saranno ammazzati, la coppietta formata da Bob e Lynda.

Laurie capisce che qualcosa non va, abbandona i bambini, e s'inoltra nella casa del diavolo... diciamo così.

Ed ecco che fa il suo primo incontro con Michael Myers. Lui prova a ucciderla, avviene un combattimento corpo a corpo quasi all'ultimo morso, Annie lo ferisce più e più volte ma Myers sembra immortale e puntualmente resuscita.

Sinché, non sopraggiunge sul luogo il dottor Loomis, che spara a Myers ripetutamente. Myers, senz'emettere un solo grido di dolore, accanitamente trivellato, frana abbattuto e cade giù dalla finestra. Schiantandosi nel cortile sottostante.

Il Male è stato sconfitto. Stavolta, una volta per tutte, il mostro è stato ucciso.

O forse no... il dottor Loomis volge nuovamente il suo sguardo in direzione di Myers, ma non c'è più il suo cadavere a terra. Probabilmente, però, è stata solo un'allucinazione dello sconvolto dottor Loomis, e Myers invece è davvero morto, il male è stato sepolto e annichilito, segregato all'inferno.

Un finale enigmatico, allusivo, funereo, ma il fantasma di Michael Myers aleggerà ancora in città. Nel suo mito.

Perché Myers è la simbolizzazione archetipica di un incubo materializzatosi. Sì, come ha fatto a scappare dal manicomio con tale scaltrezza e velocità di riflessi, come ha fatto a guidare la macchina come un provetto automobilista se è sempre stato fra le anguste mura dell'ospedale psichiatrico? Lui può... perché Myers *non è un uomo*, come ribadisce terrificato Pleasence allo sceriffo, è un fantasma, è l'immaterialità impalpabile dell'innocenza del diavolo. Myers non ha coscienza, è un uomo inguaribilmente malato seppellito nella psiche di un bambino alienato, disturbato, pauroso, glaciale come il volto più nitidamente orripilante della paura, la disumanità, la bestialità truculenta e senz'anima fatta *The Shape*...

Carpenter attinge da **Psyco** e dalla sua celeberrima scena dell'uccisione maniacale nella doccia per allestire questo capolavoro "assillante", asfittico, ritratto crudelissimo di un'umanità senza speranza, avvelenata alla base dall'inevitabile presenza del male assoluto, irrevocabile, invulnerabile.

Ecco allora che fa esordire l'appena ventenne Jamie Lee Curtis, memore del capodopera di Alfred Hitchcock, perché in quella storica, indimenticabile doccia fu ucciso il personaggio di colei che era davvero sua madre nella vita reale, Janet Leigh, ovvero l'iconica Marion Crane.

Come dirci che il male è eterno, non si può vincere e annientare, è un morbo innatamente, dannatamente facente parte del codice genetico dell'uomo, un virus ereditario che si trasmette, tramanda e ramifica attraverso le consanguinee generazioni, di padre in figlio e di madre in figlia, sotto forme sempre parimenti raccapriccianti ma inscalfibili. Il male fa parte di noi.

Carpenter concepisce la vita così. Per lui horror, sogno, incubo, realtà sono un tutt'uno inscindibile.

Che non si può eludere, al quale non ci si può, pur combattendo con tutte le nostre forze, sottrarre. Un maremoto uniformemente meraviglioso quanto tormentoso, un *continuum* indivisibile, un lacerante brivido freddissimo sulla schiena.

In **Psyco** era incarnato mellifluamente, in maniera ambiguamente diabolica da Anthony Perkins/Norman Bates con la sua indecifrabile faccia d'angelo, in **Halloween** da Michael Myers. L'uomo nero senza espressione, coperto da una smorta "maschera di cera", per l'esattezza di lattice.

Tutto parte o meglio riparte da **Halloween - La notte delle streghe**.

Il film, dopo l'elettrizzante tema musicale della colonna sonora al solito di Carpenter, ribattezzato *Halloween Theme*, e riutilizzato in tantissime pellicole, viene aperto da una filastrocca che c'introduce nell'atmosfera di quest'infausta notte stregata, recitata da dei bambini con voce *off*.

Eccola correttamente trasposta, non fidatevi delle "*wikiquote*" sul *web*, peccano difettosamente di approssimazione:

«Malocchio e gatti neri, malefici misteri,

il grido di un bambino bruciato nel camino,

nell'occhio di una strega il diavolo s'annega

e spunta fuori l'ombra, l'ombra della strega!

La vigilia d'Ognissanti c'han paura tutti quanti:

è la notte delle streghe!

(Chi non paga presto piange!)»

Halloween - La notte delle streghe è certamente un po' invecchiato ma quel che è venuto dopo gli è immensamente debitore. Il ***Nightmare*** firmato Wes Craven col redivivo, sfregiato e ustionato Freddy Krueger, il suo ***Scream*** coi suoi adolescenti sessualmente smaniosi ma incerti, timidi, impacciati e titubanti, aggrediti senza sosta dal maniaco mascherato, e chi più ne ha più ne metta. Se stessimo a elencare perigliosamente tutte le pellicole posteriori ispirate da e a ***Halloween*** non finiremmo più.

Ma se in ***Nightmare*** il male veniva incarnato all'interno delle pareti d'un incubo vero e proprio, per Carpenter la vita stessa è un sognante incubo, l'incubo della vita profondamente reale, l'incubo strisciante delle nostre imperiture, tormentate notti sinistre.

E le sue soggettive con la *steadicam*, che visualizzano il punto di vista del mostro, hanno fatto scuola.

Impressionante soprattutto la soggettiva dell'incipit. Memorabile.

Curiosità: in molti dizionari viene superficialmente ed erroneamente scritto che Michael Myers è interpretato da Tony Moran. Vero, ma Moran ha girato soltanto la brevissima, fuggevole scena di pochi secondi in cui, strappatagli la maschera, Myers appare per un istante ritratto in viso.

Michael Myers a sei anni è interpretato dal biondino Will Sandin. Ma The Shape/Michael Myers, il figuro che cammina nella notte e ammazza, è l'attore Nick Castle.

Ed è infatti lui che tornerà nell'**Halloween** di David Gordon Green.

Infine, piccola chicca per i cinefili: il personaggio di Annie Brackett, la migliore amica di Laurie, è interpretato dall'attrice Nancy Loomis (pseudonimo di Nancy Kyes), ma non abbiamo mai appurato da fonti certe se Carpenter abbia volutamente usato l'omonimo suo cognome

Loomis, affibbiandolo poi a Donald Pleasence e al suo famigerato dottor Loomis.

Naturalmente, sapete che il nome del personaggio di Pleasence, Sam Loomis, è un doveroso omaggio proprio al John Gavin di **Psyco**.

8.
Starman

Eccoci arrivati, in quest'*excursus* filmografico volutamente anacronistico, a **Starman**, pellicola del 1984.

Dopo il successo commerciale di **Christine - La macchina infernale**, Carpenter accetta un film su commissione, che potremmo definire un'autoriale commistione fra i suoi stilemi, come la poetica dell'amore fra diversi e l'aspra, dura critica al sistema militare americano, e la strizzatina d'occhi, necessaria e pressoché obbligatoria, verso quel grande pubblico che l'aveva tradito, in termini d'incasso, per le sue due precedenti pellicole. Arrivando a un compromesso ineludibile per potersi permettere di finanziare progetti assolutamente più personali, non rinunciando però, come detto, al suo sguardo d'autore.

Starman diventa allora il film più odiato e bistrattato, potremmo dire, dai carpenteriani e, come poi parimenti accadrà con **Grosso guaio...**, guardato immediatamente con sospetto dai suoi detrattori. Inutile dire che non è di certo il suo capolavoro o la sua opera migliore e più compiuta, e le scelte imposte dalla produzione hanno avuto il loro rilevante peso sul risultato finale, inficiando quello che poteva essere, e ne aveva tutti i crismi, un magnifico film. Che però rimane grande e molto poetico, merito anche della musica di Jack Nitzsche, candidata al Golden Globe.

Qui Carpenter cambia subito rotta, devia dalle consuete sue traiettorie stilistiche e c'immerge in un'atmosfera nostalgica temperata in un tiepido, lirico romanticismo. Un'astronave aliena viene dirottata da un attacco terrestre ed è costretta a un atterraggio di emergenza.

L'alieno abbandona la carcassa della sua astronave e si mette alla ricerca di qualche forma di vita umana su cui trasmigrare. Giunge ai piedi della casa di Jenny Hayden (Karen Allen), una vedova che ancor soffre immensamente per la morte del marito e, infatti, passa inconsolabilmente il tempo a rivedere vecchi filmini in cui lei e il suo defunto marito si amavano melodiosamente sulle note delle loro canzoni preferite.

L'alieno, circospettamente, quando lei sta per addormentarsi, s'infiltra in casa, avvista una foto in cui lei e il marito sono felicemente l'una nelle braccia dell'altro, al che, come se dall'ologramma trasfigurato del marito volesse, diciamo, espatriare nel corpo del consorte defunto, ne fa una fotografia genetica, per appurare se trasferirsi in quel corpo gli possa convenire. Sì, l'uomo (Jeff Bridges) era robusto, in salute, adatto alla sua umanizzante metamorfosi. Ecco allora che s'incarna dapprima in un feto, nel neonato del marito materializzatosi sul pavimento e lentamente, a vista d'occhio, sotto lo sguardo dell'adesso sveglissima moglie, cresce progressivamente, assumendo le sembianze del marito. Ne diviene morfologicamente la sua quasi perfetta copia clonata. Una mirabolante trasformazione resa esemplarmente dagli effetti speciali del mago dell'animatronica Rick Baker, qui al servizio dell'estro visionario di Carpenter. Un prodigioso effetto speciale che all'epoca ebbe il suo notevole impatto e che, rivisto oggi, potrebbe apparire a noi smaliziati uomini del nuovo millennio senz'altro datato ma, ricordiamoci, eravamo nei primi anni ottanta, in piena era analogica e il *morphing* e la *computer graphics* stavano soltanto facendo i loro primi passi. E, comunque, anche ora che affondiamo gigantescamente in piena epoca informatico-computerizzata, quest'effetto speciale sorprendentemente continua a stupefarci. Incantevole.

L'alieno come ha fatto a riprodursi nel corpo dell'uomo morto? Dal *DNA* di una piccola ciocca di capelli?

Lo scopriremo lungo l'arco del film o forse non lo sapremo mai. L'alieno rapisce dunque la donna, senza però usarle violenza, addomesticandola a livello subliminale perché lei n'è terrorizzata ma al contempo rivede in lui il marito morto e ciecamente se ne fida. Proverà a fuggire ma poi, come travolta da un'irrazionale sentimento di attrazione amorosa, facilmente comprensibile, visto che l'alieno personifica esteticamente il suo perduto, insostituibile marito, desisterà, si piegherà affettuosamente al suo volere e lo assisterà nel suo viaggio di ritorno. Innamorandosene completamente. Ma lui deve lasciarla perché altrimenti morirebbe e in Arizona i suoi amici alieni lo stanno aspettando. E allora *Starman* e la donna intraprenderanno un'avventura, non priva d'imprevisti, per portare a termine la missione.

Ma il Governo è sulle tracce di Starman, Starman rappresenta l'incarnazione reale dell'esistenza della vita aliena nell'universo. E dunque la Scienza, personificata dal burocratico Mark Shermin della polizia federale (Charles Martin Smith), non può lasciarsi scappare, per nessuna ragione al mondo, un'occasione di questo tipo, anzi, potremmo dire, non può assolutamente rinunciare a quest'incontro ravvicinato del terzo tipo. Deve far sì che si concretizzi. Costi quel che costi. A costo addirittura di uccidere l'alieno. Lo scopo primario è quello di analizzarlo e vivisezionarlo, vivo o esanime, ferito o morto ammazzato che sia.

Sarà un viaggio intervallato da momenti di fatato lirismo, come in alcune delle scene più riuscite e commoventi dell'intera pellicola. Quando Starman, in un'area di servizio, ai piedi di una tavola calda, risveglierà un cervo abbattuto da un bruto cacciatore e la donna, assistendo meravigliata ai suoi poteri divini, se ne turberà infatuata. Estaticamente e ipnoticamente attonita. Oppure quando Starman confiderà alla donna che aspetterà un bambino da lui.

E Karen Allen è stata eccellente nel tratteggiare il suo dolente personaggio difficile di vedova irrimediabilmente ferita dalla tragedia della morte del marito, sospesa tra l'intimo dolore trattenuto, la moderata euforia dinanzi agli eventi incredibili che le accadono attorno, e via via sempre più fragilmente sedotta e affascinata da questo marziano identico fisicamente al suo ex consorte e contemporaneamente così diverso. Una superba prova d'attrice. E ci spiace che la Allen sia stata così spesso emarginata da un'Hollywood cinica che mai davvero ha saputo riconoscere la sua delicata bravura. Anche Jeff Bridges è bravissimo, e infatti è stato candidato all'Oscar, ma non era poi così complicato, tutto sommato, caratterizzare un personaggio stralunato e, appunto, alieno, buffo e tenero, robotico e con lo sguardo perennemente esterrefatto e perso nel vuoto. La cosiddetta prova recitativa che, a prima vista, potrebbe sembrare stupefacente e invece è molto più facile di quel che possa apparire. Non occorre avere un pozzo di scienza attoriale né spiccate qualità per interpretare un personaggio che, già di per sé, è simpatico, farsesco e strambo. Basta un pizzico di manierismo e una bella faccia tosta come quella del Bridges di quegl'intrepidi anni allegri della sua giovinezza matura. Ma rimane una prova abbastanza toccante. Alla fine il maledetto Governo cesserà la testarda, ottusa guerra e Starman volerà via come un angelo sceso sulla Terra destinato a un aldilà adatto alla sua alterità. Forse migliore della Terra, forse peggiore. Sulle note della colonna sonora dolcemente malinconica e trasognante.

Da rivedere, da riamare, da sciogliere nelle emozioni ingenuamente sobrie, profumate di poesia semplice e infantilmente morbida.

Vediamo bene come Carpenter ami cambiare sempre genere, rimanendo giustamente, invariabilmente sé stesso, con un'innata predilezione per i fantahorror e anche **Starman**, da film spielberghiano come è stato definito più volte frettolosamente, che col suo inizio ci pervade di senso di meraviglioso, in corso d'opera, possiamo asserirlo con estrema certezza, si trasforma in un film spaventevole, in cui viene ribaltato il consueto assunto, da **Guerra dei mondi**, rifatto infatti da Spielberg, la nemesi di **E.T.**, nel quale di solito è l'alieno la minaccia alla nostra umanità e non viceversa. È invero cioè l'uomo con la sua malvagità a essere il nemico numero uno, anti-pacifista, spietato e crudele dell'umanità stessa, intesa in senso universalmente umanistico. Starman è un alieno e al contempo un uomo superiore, nel suo mondo i forti non prevaricano sui deboli, vi è celestiale, armonica giustizia sociale, equità, solidarietà, giustezza e rispetto del prossimo, del cosmo *tout-court*, inteso anche come universo personale-emotivo. Starman, se rimarrà sul pianeta Terra, morirà. Semplicemente perché non è il suo *habitat*, non biologicamente. Lui è ora un uomo a tutti gli effetti, ma non lo può essere per molto tempo dal punto di vista, appunto, umano. È disadatto all'umanità. Lui, essendo più evoluto degli umani stessi, pur avendo ora l'aspetto di un comune uomo, un essere dunque sovrumano, creperebbe presto a contatto con la nostra inciviltà. Subirebbe, come infatti già subisce, un velocissimo decadimento psicofisico, verrebbe depauperato e, atrofizzato dal peso atrofizzante della brutalità selvatica dell'uomo, verrebbe ucciso prima di tutto nell'anima. Squagliandosi nel cuore. Impazzendo.

Starman è in questo paragonabile al successivo **Essi vivono**. E se ne potrebbe fare un parallelismo analogo e specularmente stimolante.

Starman è l'iniziazione, la genesi o ancor meglio la scintilla genetica di un concetto di Cinema e di vita prettamente carpenteriani.

Come a dirci che gli alieni-zombi non sono gli alieni stessi, ma siamo noi come civiltà, barbarica e scarsamente progredita soprattutto umanamente. Noi stessi, in quanto infidamente uomini coi nostri bassi istinti, destinati a soccombere per colpa non delle minacce esterne, aliene appunto, oppure a causa di catastrofici, perciò ingovernabili "agenti extraterrestri" distruttivi, bensì a distorta ragione della nostra orgogliosa, devastante imbecillità. Del nostro modo totalmente mostruoso di governare noi stessi, soprattutto le nostre emozioni più vive. Schiacciando e asfissiando, spegnendo e bruciando i sentimenti socialmente empatici, collaborativi, progressisti. Siamo i dominatori del nostro egoismo, delle nostre belligeranti ideologie malsane, e periremo tutti, soffocati dall'accidia e dalle maligne, edonistiche nostre false ambizioni di potere individuale.

9.
Christine

E arriviamo a **Christine - La macchina infernale**. Parto subito col dire, spiazzando i suoi inguaribili ammiratori, i quali quando si parla di Carpenter non sono mai obiettivi e difendono a spada tratta ogni sua pellicola, che **Christine** non è sinceramente un grande film. Ma andò abbastanza bene al botteghino. Costato relativamente poco, cioè $9,700,000, incassò quasi il triplo del suo budget.

Il film uscì negli Stati Uniti il 9 Dicembre del 1983, da noi invece fu distribuito in sala il primo Marzo dell'anno dopo.

Era lecito aspettarsi un discreto successo. D'altronde, tutti i grandi registi in quel periodo si erano accorti del potenziale commerciale di Stephen King, e anche Carpenter, strizzando l'occhio al *box office*, sapeva bene che adattare l'omonimo romanzo del maestro del brivido gli avrebbe fruttato parecchi soldi.

Il suo film non è affatto brutto, ci mancherebbe, ma non poteva e non può competere, anche a tutt'oggi, con adattamenti da King decisamente superiori. E mi riferisco a **Carrie** di Brian De Palma e al quasi suo contemporaneo *Shining* di Stanley Kubrick.

Due capolavori contro i quali *Christine*, pur con tutti i suoi evidenti e rimarcabili pregi, sfigura non poco.

Diciamo che *Christine* è cresciuto col tempo, com'è accaduto con quasi tutte le pellicole di Carpenter. Ora brilla di un'aura mitologica tutta sua e lo potremmo classificare fra i cosiddetti film di culto, per la gioia dei fieri appassionati del Cinema di John.

Ma ripeto, se vogliamo essere lucidamente oggettivi, questa mitizzazione gli deriva più che altro dalla nomea e dalla leggendarietà di Carpenter in quanto tale, dall'esaltazione dei suoi adoratori che tendono a venerare e magnificare ogni sua creatura a prescindere da fattuali e veridici motivi estrinseci rispetto all'effettiva bellezza del film stesso.

Christine non è male, anzi, è un film seminale e importante, ma non possiede la potenza di altre sue opere, appare adesso inevitabilmente datato, logorato dal tempo, e la sua longevità cinematografica ne ha inesorabilmente risentito.

È un film figlio del suo tempo. Incastonato nei suoi stilemi, nelle istanze di quegli anni. Ove primeggiavano le pellicole a tematica adolescenziale incentrate su timidi studenti collegiali schiacciati da genitori asfissianti, e imperava la capricciosa, oserei dire "brufolosa", voglia di ribellione.

Incipit:

Detroit, anno 1957. Siamo in una fabbrica di automobili di macchine Plymouth e viene appena sfornata e confezionata una rossa, fiammeggiante e luccicante Fury d'annata. Uno stupendo modello d'epoca. Al che un operaio, come da programma, controlla l'autovettura per la messa a punto ma viene lesionato gravemente dalla lamiera del cofano che quasi gli amputa e trancia la mano. Poi, un altro operaio la prova e vi si siede a fumare un sigaro, con la cenere che si rovescia sul sedile ancora incellofanato. Subito dopo viene trovato morto, soffocato dai gas di scarico.

Quindi, l'azione con un repentino *flashforward* si sposta in California, a Rockbridge, nel giorno 12 Settembre del 1978.

Due inseparabili amici, Arnie Cunningham e Dennis Guilder (rispettivamente interpretati da Keith Gordon e John Stockwell), si dirigono a scuola per il primo giorno del nuovo anno. Non è quello che si può definire un giorno indimenticabile, anzi, va tutto storto.

Dennis Guilder, nonostante sia belloccio e carino, nel suo imbranato tentativo di corteggiare una ragazza fallisce ridicolmente, mentre ad Arnie capita di peggio. Viene angariato e malmenato da quattro bulletti, capitanati dal manesco Buddy Repperton (William Ostrander), sebbene la rissa venga comunque presto sedata e Buddy sia espulso. Buddy però non ci sta e minaccia pericolose ritorsioni.

Intanto nella scuola è arrivata la cosiddetta ragazza di un'altra categoria, dalla classe inarrivabile, la ragazza emancipata che tutti desiderano, la donna dei sogni, la serissima e slanciata Leigh Cabot (Alexandra Paul).

E tutti le vanno dietro, sbavandole smodatamente.

Nel tragitto di ritorno da scuola, Arnie e Dennis avvistano nel mezzo di una radura, ai piedi di cespugliosi arbusti e di una cascina fatiscente, una macchina in disuso. È proprio quella maledetta Plymouth Fury. Ma naturalmente loro ne sono ignari. Arnie, folgorato da questa macchina pregiata, seppur malmessa, decide immediatamente di acquistarla e contratta velocemente col suo proprietario, un decrepito contadino macchiato d'olio e col camice imbrattato.

La mette a posto, e da allora non se ne stacca più per nessuna ragione al mondo.

E subisce un'inaspettata trasformazione. Da buffo, strano, anonimo, timido, goffo *nerd* occhialuto, diventa un ragazzo normale, discretamente piacente e sarà proprio lui, contro ogni pronostico, a conquistare l'ambita Leigh Cabot. L'impossibile si è divinamente materializzato e avverato.

Arnie è gelosissimo della sua macchina, la tratta come un'amante, e la macchina è allo stesso modo morbosamente gelosa di lui. Come se ricambiasse il suo premuroso, delicatissimo, sconfinato amore ed entrambi si compenetrassero e teneramente fondessero di effusioni assieme in maniera metafisicamente sessuale.

Il suo miglior amico, Dennis, stupefatto, incredulo dinanzi alla sua metamorfosi, diviene geloso a sua volta di quella macchina, di nome Christine, e la stupenda ragazza di Arnie, Leigh, parimenti è assillata da essa, anzi da lei. Perché Christine pare umana, la turba, e Leigh crede che Arnie copuli con lei e la tradisca. Sì, la tradisca con Christine.

Sia Dennis che Leigh, ingelositi a morte, rischiano di morire.

Arnie tiene parcheggiata Christine in una scalcinata officina. In una notte fosca e tempestosa, Buddy e i suoi amichetti s'infiltrano nel *garage* di nascosto, e distruggono Christine, riducendola a brandelli.

Ma Christine rinascerà, dalle macerie della sua carne metallizzata, dall'anima macellata di quello spregevole affronto alla sua erotica, sì, avvenentissima rilucenza vigliaccamente deturpata, devastante si restaurerà vendicativa, assurta ora a sanguinoso, indistruttibile congegno luciferino.

Fioccheranno i morti trucidati, e sarà allora che entrerà in scena il giustamente sospettoso, scrupoloso tenente di polizia Junkins (Harry Dean Stanton).

Che cosa sta succedendo?

Lo scoprirete solo vedendo **Christine**.

Come in un **Crash** cronenberghiano, il corpo-macchina si propaga e trasmuta, in tal caso, attraverso i cambiamenti fisici e caratteriali di Arnie. E, a tesi di questo mio ragionamento, ricordo a tutti che nel libro di King, appena Arnie entra in contatto e "possiede" Christine, la sua acne adolescenziale sparisce e il suo viso si abbellisce com'illuminato d'armoniosa grazia, mentre nel film, dal momento in cui diviene il suo segreto amante inconfessabile, non indossa più gli antiestetici, grossi occhiali.

Film discontinuo, con grandi momenti tipicamente carpenteriani e angoscianti, e altri invece più confusi. E nell'insieme il film pecca di una certa ingiustificata prolissità, dilungandosi in digressioni superflue e talvolta troppo minuziosamente, puntigliosamente descrittive.

Ma, seppur afasico, è mordacemente appassionante lo stesso, ipnotizza lo spettatore per buona parte dei suoi 110 min. e, assieme a **Starman**, è il film dal minutaggio più lungo della carriera registica di Carpenter. E, ribadisco, forse solo proprio per via della sua non necessaria lunghezza, disperde lungo l'intreccio una certa forza espressiva che poteva essere maggiormente graffiante. Un film, dunque, che poteva essere più incisivo e corrosivo e che invece così, in vari frangenti, appare tedioso e frammentario. D'altronde, una delle peculiari caratteristiche di Carpenter, come già detto, è stata la sua uniforme capacità sintetica, l'aver sempre saputo condensare svariati e radicali temi con invidiabile essenzialità. Una delle matrici imperative della sua poetica.

Ma comunque funziona abbastanza fluidamente, inquieta e vi sono al solito quattro-cinque imponenti momenti di Cinema colossale. Come, su tutti, l'inseguimento per le claustrofobiche strade notturne e l'uccisione nel vicolo cieco di Christine nei riguardi del teppistello Moochie Welch.

Christine è un film che sarebbe inoltre da studiare anche per analizzare l'evoluzione artistica dei giovanissimi attori che l'hanno interpretato.

Il protagonista, Keith Gordon, è diventato un regista molto apprezzato. Suoi infatti l'interessantissimo ***Confessione finale*** con Nick Nolte, da Kurt Vonnegut, e ***Waking the Dead*** con Jennifer Connelly e Billy Crudup, oltre ad alcuni episodi di ***Dexter*** e di ***Fargo***.

Colui che interpreta la parte del suo miglior amico nel film, John Stockwell, dopo essere stato Cougar in ***Top Gun***, come Gordon è diventato regista, sebbene di pellicole di cassetta assai inferiori rispetto a quelle del suo collega.

E Alexandra Paul, negli anni novanta, ha raggiunto un certo grado di notorietà per aver incarnato l'androgina, *sexy*, vigorosa e prestante Stephanie Holden nella serie ***Baywatch***.

E pensate, ai tempi di **Christine**, la Paul stava proprio assieme a William Ostrander. Insomma, nella vita reale, era innamorata proprio di colui che interpretava il vile capobanda del gruppo dei bulli. Altro che Arnie. Certe cose succedono soltanto nella finzione...

Come dire, se vogliamo essere realistici, che le belle donne irraggiungibili, ambiziose e altezzose, spesso e volentieri scelgono i tipi stronzi, alti, massicci, ruvidi, grinzosi, forse perfino barbarici e incolti.

Ma sarà poi la verità?

Infine, Kelly Preston... Che qui risalta nelle scene iniziali e poi non si vede più. Attrice che ricordiamo soprattutto per **Gioco d'amore** di Sam Raimi con Kevin Costner e che, da tantissimi anni, è la moglie di John Travolta.

Ecco che Carpenter, ancora una volta, in modo netto, gira un fantahorror politico. Arnie Cunningham, che fra l'altro, e forse non a caso, ha lo stesso cognome di Ron Howard nella serie televisiva che impazzava in quegli anni, **Happy Days**, da buon Cunningham appunto, appartiene pienamente alla *middle class* americana molto agiata, anzi ricca. È decisamente un White Anglo-Saxon Protestant, un *WASP* per intenderci. Di buona famiglia, molto conformista e repressiva, forzatamente dai genitori, senza che gli possa esser permesso di compiere liberamente le sue scelte, vien obbligato a un insindacabile percorso scolastico. Al quale si deve attenere senza battere ciglio. Ma, quando inizia il film, è ancora minorenne, non è indipendente economicamente ed è vilipeso dai suoi compagni di scuola, che non lo accettano, lo respingono violentemente e deridono la sua sessualità, le sue imbranataggini, la sua maldestra timidezza.

Lui non gioca, come tutti gli altri, a *football*, fisicamente è sgraziato. È il classico tipo che non ce la può fare... È socialmente un idiota, almeno per gli scriteriati, arrivistici parametri della pazza società capitalistica americana, improntata a distorsivi valori come l'apparenza, il sesso e il mito del successo. Allora capisce che riuscire ad avere quella macchina di lusso d'epoca, Christine, gli garantirà l'accesso a quell'osteggiato mondo da lui connaturatamente odiato e respinto ma al contempo tanto bramato, e Christine diverrà per lui il lasciapassare per entrare di diritto in quel fatuo, precoce mondo falsamente illusorio di adulti cinici e subdolamente emancipati. Quindi, attraverso lo *status symbol* della macchinona comprerà anche l'amore della ragazza desiderata da tutti. E più esteticamente migliorerà e otterrà piaceri tanto più la sua unicità, la sua preziosa, autentica, individuale, sana alterità verrà corrotta, e si putrefarà nell'animo. Edonisticamente contaminato, irreversibilmente guastatosi, leso nella purezza e vendutosi. Lui stesso trasformatosi in una brillante macchina fra scialbi, grigi uomini-macchine.

Bisogna aggiungere altro per capire la filosofia autoriale che sta alla base perfino di un film che, di primo acchito, potrebbe invece sembrare tanto lontano dalla carpenteriana visione del mondo? Quel che so per certo è che, certamente, **Christine** non è un capolavoro, ha tanti difetti, tante ammaccature, ma lasciateci amarla, no, ammirarlo e amarlo.

Come ha scritto il compianto critico Morando Morandini, rimanendo nell'ambito di facili metafore meccaniche, il film *non ha abbastanza carburante per tutto il percorso*. E, aggiungo io, come peraltro già evidenziato e spiegato, s'inceppa, s'incaglia, si affloscia, si spegne, ma poi miracolosamente riparte. Perché nonostante le sue infossature e le botte, i lividi ricevuti nel tempo, nonostante oggi possa sembrare obsoleto, fuori moda, è un oggetto cinematografico di raro, splendente antiquariato, pericolosamente affascinante come la sua *macchina infernale*, questa macchina mefitica e irresistibile. Epidemicamente attraente.

Nel bene o nel male, un must.

10.
The Thing

La cosa... film del 1982 della durata di 1h e 49 min.

Sceneggiato da Bill Lancaster dal racconto orrorifico e fantascientifico di John W. Campbell Jr., *La cosa da un altro mondo*, già alla base dell'omonimo film originale di Christian Nyby girato in collaborazione con Howard Hawks, che lo produsse e co-diresse non accreditato.

E rappresenta, sulla base delle dichiarazioni di Carpenter stesso, il primo capitolo di una sorta d'ipotetica Trilogia dell'Apocalisse, a cui faranno seguito **Il signore del male** e **Il seme della follia**.

Siamo in Antartide e il film è ambientato esattamente nel 1982, proprio l'anno di uscita del film, quindi è un fanta-thriller contemporaneo rispetto al periodo in cui è stato girato.

Qui, al Polo Sud, è ubicata una stazione di ricercatori ove il tempo pare essersi fermato, cristallizzato nella monotonia di gesti e azioni lentissime, di una piccola comunità soporifera, immersa nella nevosità d'un clima ostile e cupissimo (la fotografia atmosferica, nera e livida, è nuovamente di Dean Cundey). Così, dopo i titoli di testa, anticipati da un disco volante che, planando in avaria e perdendo la rotta, si schianta, esplodendo frantumato vicino alla crosta terrestre, nell'enigmatico buio stellato dell'universo, risuona scandita l'incalzante musica ossessiva di Ennio Morricone (qui alla sua prima, stupenda ma unica collaborazione con Carpenter, ingiustamente disdegnata dalla Critica che lo candidò al Razzie Award) e assistiamo lentamente a una scena agghiacciante. Un elicottero sorvola le montagne e insegue un cane *siberian husky*. Il tiratore prova a uccidere l'animale ma l'animale rimane illeso e schiva ogni colpo con funambolica destrezza e fortuita abilità. Quindi, inseguito da questo cinico, umano predatore, viene accolto a braccia aperte dagli uomini della stazione scientifica, giunti in suo soccorso. L'uomo dell'elicottero però, come fosse in preda a una follia rabbiosa e implacabile, scende dal velivolo e continua a fucilare incessantemente, fino a che un uomo lo trafigge e ammazza, sparandogli a un occhio e silenziandolo all'istante.

Ma perché quell'uomo, che scopriamo essere un norvegese, così come i suoi compagni adesso tutti morti, voleva a tutti i costi uccidere quella povera bestia, nell'atto sconsiderato e scellerato della sua spietata caccia mostruosa? E pareva essere posseduto da una furia omicida dannatamente oscena?

Scende la sera, pacatamente gli uomini ritornano alle loro postazioni, ognuno occupandosi delle consuete, abitudinarie mansioni. Ma all'improvviso, nel canile all'interno della base, una creatura terrificante, fra latrati abnormemente, orridamente raccapriccianti e grandguignoleschi, sta divorando tutti gli husky, si trasmuta in loro e ne sta assumendo le sembianze, contorcendosi sanguinariamente animato da una forza sovrumana.

Gli uomini, terrificati da quegli abbaiamenti spaventevoli, si precipitano verso il canile e assistono, raggelati, all'orrendo pasto lupesco, è il caso di dirlo, di quella ributtante e inguardabile creatura, che ora si dimena ancora più furibondamente, fra budella tumefatte e un corpo in perenne mutazione, alla cui sommità e tutt'intorno spuntano le teste dei cani da essa stessa divorati.

Come se quella creatura non identificabile avesse fagocitato le bestie e le avesse assorbite nel suo codice genetico. In un tumultuoso torcersi sbranante in cui ha incorporato e assimilato gli animali a sé in pazzesca, allucinante metamorfosi simbiotica.

Questa, sì, è la cosa. Un'entità aliena risvegliata dai norvegesi, risorta da un letargo durato migliaia di anni, in cui è stata ibernata sotto i ghiacciai, adesso imprendibilmente fuggita a piede libero per contagiare e divorare ogni essere vivente del pianeta Terra nella sua ferina, inarrestabile mostruosità rigenerativa e infettiva, distruggendo a sua volta ogni altra cosa, ricreandosi e plasmandosi al DNA delle sue vittime.

La cosa non si fermerà e ora sta contagiando tutti gli uomini della base polare-antartica.

Dev'essere abbattuta e bruciata viva, ma la cosa è qualcosa d'infidamente invisibile che risorge dalle sue ceneri e, morbosamente maliarda, è diabolicamente invincibile. La cosa è immortale e la sua immortalità cerca vita nella morte perpetrata agli esseri dapprima vivi.

Tutti possono essere contagiati e nessuno si fida di chi gli sta di fronte o accanto. Uno di loro potrebbe essere la cosa trasformatasi in un uomo, tutti potrebbero essere la cosa, la persona all'apparenza normale potrebbe essere stata già indelebilmente infettata.

E cresce la paura, la tensione si taglia col coltello, vibra la suspense montante in un assordante urlo delle notti più terrificanti.

Alla fine rimarranno due uomini a guardarsi in faccia, uno dei due o entrambi sono la cosa?

Un altro monito apocalittico di Carpenter, pessimista, radicale, perché pare volerci dire, senza troppe metafore, che forse siamo noi, uomini, l'incarnazione stessa della cosa. Chiunque di noi lo è e, per sopravvivere, parassitariamente assimila ciò che lo circonda, in maniera funereamente viva e glaciale. Malevola e subdola.

Il film, come detto, è del 1982 e incassò assai maluccio, annientato da *E.T. – L'extra-terrestre*.

Due grandi film, uno figlio della poetica spielberghiana di quel periodo, con la "cosa" aliena contagiosamente buona, col suo carico di ottimismo sognante e leggiadro, e di contro questo di Carpenter, spietato, nerissimo, a profetizzare invece un nostro immediato futuro catastrofico. Enormemente spaventoso.

Ah, scusate, non ho citato gli stratosferici effetti speciali di Rob Bottin, già autore per Carpenter degli *Special Effects* di **Fog**.

La cosa però, a mio avviso, non è il capolavoro tanto miticizzato dai fan di John. Alla sua uscita, la Critica gli fu molto freddina, col tempo adesso nessuno si sente di obiettare sulla sua grandezza.

E io non ho la pretesa di schierarmi in nessuna delle due fazioni.

La cosa è un film importantissimo, ovvio e inconfutabile che lo sia, ma il rischio d'idealizzarlo troppo e amplificarne i meriti è dietro l'angolo.

È il classico film ingiustamente snobbato quando uscì e poi forse iper-glorificato oltre i suoi reali meriti. Dove sta la verità?

La verità è che capolavoro lo è. Eh eh.

11.
Assault on Precinct 13

E Carpenter firma quello che, dopo tanti ripensamenti e revisioni da parte della Critica, è oramai accertato che sia il suo primo, vero capolavoro, ovvero **Distretto 13 - Le brigate della morte**. Un film di una potenza visionaria e di una compattezza granitica da stremare e lasciarci storditi per l'eleganza con la quale è stato claustrofobicamente girato, ancora una volta un **kammerspiel** *sui generis*, come saranno poi anche **La cosa** o **Il signore del male**, ma perfino lo stesso **Halloween**. E irrompe il tema e lo stilema pressoché uniforme di molta della poetica carpenteriana.

L'asserragliamento di alcune persone, diverse fra loro per gusti, estrazione sociale e carattere, che giocoforza saranno costrette ad affiancarsi nella lotta per la vita, ad affiatarsi e a scendere amicalmente a patti per sventare, sventrare e combattere la minaccia mortale che incombe, oscura e profeticamente tagliente come una lama sottilissima di rasoio, come l'accecante, allucinante tensione che si respira in questo capodopera inconfutabile dalla secca, abrasiva durata di 1h e 31 min., morbidamente calibrati nella suspense lugubre di un eccitante cardiopalma visivo-emozionale.

Carpenter attinge a uno dei suoi must, un film che deve aver amato alla follia, **Un dollaro d'onore** (*Rio Bravo*) di Howard Hawks, ma più che eseguirne un rifacimento, lo parafrasa e lo trasla in un'ambientazione decadentistica ai confini di una cittadina, Anderson in California, tetramente aggomitolata in una cappa soffocante dalla glaciale atemporalità.

Sì, il film è del 1976 e la vicenda si svolge in quell'anno, ma pare di assistere a un'avventura fuori dallo spazio-tempo, in una zona sospesa nel rabbrividente buio dell'impalpabile asincronia trascendente.

Sei uomini di una gang, in un ghetto losangelino, vengono trucidati dalla polizia e i *voodoo*, i sicari di una brigata armata e folle, giurano vendetta agli sbirri. Come dei *kamikaze* senza paura di morire, accecati dalla bramosia vendicativa a *zenit* della loro pazza visione del mondo, si scaglieranno contro le forze dell'ordine, costi quel che costi. In una missione suicida e catartica. Spericolata da puri guerriglieri metropolitani, ancor prima dei *warriors* di Walter Hill. In una notte interminabile, livida e spettrale ove rifulgeranno messianici d'ira implacabile, a incarnazione quasi incorporea del loro odio inesorabilmente livoroso nei confronti del bieco, pusillanime ordine costituito, esaltati dalla lor cieca furia maestosa, divini fantasmi senza volto di un assedio imperituro, dopo aver depositato il loro straccio insanguinato, in segno di plateale e incontrovertibile sfida alla polizia, dinanzi all'entrata del tredicesimo distretto del posto.

In questo distretto, c'è un nero appena nominato Tenente, Ethan Bishop (Austin Stoker), incaricato quella notte di prendere il comando della stazione di polizia, prima che venga spostata in una zona meno isolata. Qui, al tredicesimo distretto, sosta un *pullman* diretto a Sonora, che sta deportando tre pericolosi criminali in una prigione di massima sicurezza. E il poliziotto che li scorta è obbligato a chiedere asilo, per quella notte, a Bishop, perché uno dei prigionieri versa in precarissime condizioni di salute e la polmonite, di cui è affetto, sta rischiando di ammazzarlo. E lui non può permettere che un detenuto, in sua custodia, muoia senza che possa ricevere assistenza medica, almeno fin quando sarà sotto la sua supervisione.

Fra i tre prigionieri, spicca Napoleone Wilson (Darwin Joston), un uomo condannato alla pena capitale.

Potrei stare a raccontarvi altro, del padre sotto *shock*, a cui hanno appena ucciso la sua bambina, in una scena che all'epoca fece molto scalpore per la sua crudezza e non fu censurata per miracolo, che stremato approda al distretto e chiede protezione, per sfuggire agli assassini di sua figlia che lo stanno inseguendo... e dirvi che Napoleone dimostrerà a tutti di essere un cattivo più buono dei buoni che tanto buoni non sono affatto, o perlomeno potrei pedantemente, didascalicamente sottolinearvi come la labilissima linea di demarcazione fra *straight men* e *criminals* diventi qui inesistente e indistinguibile, perché i buoni sono molto più furbescamente, cruentemente sanguinari dei cattivi, più di quanto il loro onesto mestiere incorruttibile lasci presagire e supporre. Ma non mi va di peccare di pleonastica, descrittiva, minuziosa pignoleria esegetica. È nelle virili, spassosissime schermaglie, nei siparietti dialogistici fra il tenente e Napoleone, fra Leigh (Laurie Zimmer) e Napoleone stesso, che il film gioca tutte le sue carte migliori. Perché, in una tale situazione di pericolo estremo, ove il distretto è stato preso infinitamente di mira dai brigatisti psicopatici, bisogna sopravvivere e abbandonare ogni vera, artefatta o falsa maschera che la società ci ha frettolosamente appioppato ed è necessario entrar in combutta l'uno con l'altro, azzerando le differenze etico-comportamentali che ci hanno, almeno esteriormente, reso quel che, erroneamente, superficialmente siamo agli occhi degli altri, per rimanere a far parte di questo sporco, ingiusto, cannibalesco mondo.

Carpenter è autore anche del montaggio, nascondendosi dietro lo pseudonimo di John T. Chance, ovvero il nome del personaggio di John Wayne in **Un dollaro d'onore**, e firma la celebre *track* sonora, diventata un classico intramontabile. In più, si concede un fugacissimo cammeo nella parte di uno degli assalitori del distretto a cui sparano mentre cerca di entrare da una finestra.

Anni fa, non so perché, accostavo questo film a **Fog**. E devo dire che, nelle mie strambe emozionalità adolescenziali, la mia mente non mi aveva affatto giocato brutti scherzi. E il parallelismo era ed è quanto mai calzante. Perché **Distretto 13** è in fondo una storia di ectoplasmi e *nosferatu*, di zombi alla Romero, di morti giammai davvero morti che pare risuscitino e si rigenerino, spiriti imprendibili che danzano nella penombra della luna, quando la città è avvolta dalla notte più profonda e misterica.

Un impareggiabile capolavoro imitato e stra-copiato, che ha avuto un *remake* per la regia di Jean-François Richet, e in qualche maniera è stato futuristicamente rifatto dallo stesso Carpenter nel "*newquel*" **Fantasmi da Marte**.

Un film che alcuni considerano un caposaldo perfino di quel tipo di pellicole ad alto tasso scioccante e terrorizzante appartenenti al sottogenere *Shoxploitation*.

E che, invero, è talmente grande e stratificato che non puoi collocare in nessuna classificazione generica. È un metropolitano western, un thriller, un film fantascientifico. E quant'altro.

Forse solo immane Cinema altro.

12.
In the Mouth of Madness

Ed eccoci con ***Il seme della follia***, pellicola uscita sugli schermi italiani il 4 Maggio del 1995, ma che viene unanimemente considerata dell'anno prima, e infatti proprio in Italia fu presentata in esclusiva al Noir in Festival il 10 Dicembre del '94.

Terzo e conclusivo capitolo della Trilogia dell'Apocalisse carpenteriana, dopo ***La cosa*** e ***Il signore del male***, e ancora una volta, come nel caso dei due film appena citati, un altro emblematico capolavoro esemplare e imbattibile, vetta assoluta della summa poetica di John.

Film dalla durata snella e compatta, fluidissima di un'ora e trentacinque minuti netti, scritto da Michael De Luca.

E interpretato da Sam Neill in quella che considero la *performance* della sua vita. Perché in questo film titanicamente s'impossessa del miglior personaggio offertogli nella sua altalenante, discontinua eppur brillante carriera d'attore, aderendovi ineccepibilmente con classe impari e infondendogli un'ambiguità sulfurea da pregiato interprete capace di mille sfumature espressive.

Trama...

John Trent (Neill), investigatore privato specializzato in truffe contro le assicurazioni, viene internato in manicomio. Ove, legato da una stretta camicia di forza e tenuto fermo dagli infermieri, arriva in pieno stato delirante.

Ma è pazzo davvero? A uno psichiatra che vuole aiutarlo, giunto nella clinica psichiatrica per fornirgli udienza e soccorso, in un lunghissimo *flashback* ininterrotto racconta la folle vicenda che gli è capitata, che lui naturalmente sostiene essere vera e non figlia della sua mente malata.

Considerato il miglior *detective* sulla piazza per il suo fiuto infallibile nello smascherare gli imbroglioni, Trent era stato assunto dalla casa editrice che pubblica lo scrittore più letto al mondo, Sutter Cane (Jürgen Prochnow), i cui libri *vendono più di Stephen King*, affinché si mettesse alla ricerca proprio dello stesso Cane, sparito nel nulla.

Il passato è il presente, il presente è già il futuro, visualizziamo a mo' di cronistoria cos'è successo, come fosse accaduto adesso.

Prima di entrare nel vivo delle indagini, Trent comincia a leggere alcuni libri di Cane. Molto scettico riguardo alla valenza delle opere di Cane, che invece *letteralmente fanno impazzire* i suoi appassionati, le sfoglia inizialmente sbuffando, con grande noia e supponenza ma poi, sebbene continui a sminuirne il valore, ne viene anche lui magneticamente attratto. Riconoscendo che lo stile di scrittura di Cane, seppur descrittivamente banale e logoro, in qualche maniera cattura ipnoticamente e invoglierebbe chiunque infinitamente a proseguire la lettura. Al che, com'illuminato da una fulminea rivelazione, si accorge che, ritagliando accuratamente nei punti esatti le copertine dei suoi libri e congiungendone i pezzi, si addiviene a una mappa topografica che ritrae la perfetta ubicazione geografica di Hobb's End, cittadina realmente esistente che veniva invece dapprima reputata solo immaginaria e frutto della fantasia di Cane. Hobb's End esiste, non è mera finzione.

Così, accompagnato dall'assistente e redattrice dei manoscritti di Cane, Linda Styles (Julie Carmen), si mette in viaggio alla volta della bramata città "fantasma".

Arrivato lì, assiste a eventi impensabili. Prima crede, scherzandoci sopra, che ciò a cui sta presenziando, sorpreso, incredulo ma disincantato, sia tutta una messa in scena e una mossa pubblicitaria architettata per promuovere il futuro libro di Cane, abilmente congegnata per suggestionarlo.

Ma pian piano gli avvenimenti sovrastano la sua ragione e le sue certezze barcollano e soccombono, scricchiolando sotto il peso irrazionale dei dubbi più inoppugnabili. Trent non riesce insomma a darsi una spiegazione logica di ciò che gli succede intorno. E quel posto lo terrorizzerà in un crescendo emozionale tremendo. Sin a divellere e sventrare ogni suo calibrato raziocinio.

Un posto macabro e spaventevole nel quale la realtà par superare di gran lunga la fantasia e dove il confine stesso tra reale e sovrannaturale scompare e si compenetra terribilmente. E Trent vede materializzarsi, davanti ai suoi occhi sempre più allibiti, sconcertati e impauriti, nel succedersi incredibile degli accadimenti sinistri che si concretizzano dinanzi a lui, come se i personaggi descritti nei libri di Cane fossero marionette e burattini manovrati dall'immaginazione creativamente mostruosa del suo mefistofelico autore maledetto, l'imponderabile glacialmente, contagiosamente demoniaco che prende, via via, orripilantemente forma.

E alla fine, probabilmente, impazzirà.

L'umanità intera stessa è impazzita, nessuno è sopravvissuto al morbo epidemico indotto dalla lettura e letteratura pazzamente plagiante le coscienze di Sutter Cane, e Trent allora fugge dal manicomio, recandosi in un cinema deserto in cui stanno proiettando proprio *In the Mouth of Madness*, film ricavato dal libro intanto pubblicato di Cane, con Trent, sì, lui stesso protagonista, che rivede tutto lo spettacolo a cui finora noi spettatori abbiamo assistito.

Un film ovviamente diretto da John Carpenter in persona.

Carpenter affida non a caso al canuto, iconico Charlton Heston, in una delle sue ultime, grandiose apparizioni cinematografiche, il breve ma centralissimo ruolo di Jackson Harglow. Se nell'indimenticabile, storico *I dieci comandamenti* di Cecil B. DeMille, Heston incarnava Mosè, cioè il profeta-ambasciatore a cui Dio consegnava le tavole bibliche affinché da emissario fedelissimo diffondesse la sua Parola agli uomini e li irretisse al suo insindacabile volere, qui Carpenter gli cuce addosso i panni dell'editore del demiurgo Cane, uomo fattosi superuomo e diabolicamente assurto a Dio maligno di una nuova era. Un dio satanico, o un Satana divino.

Insomma, la speculare e allo stesso tempo antitetica, identica faccia della medaglia del ***Signore del male***, *prince of darkness...*

Il seme della follia è un impareggiabile apologo radicalmente pessimista, pieno di trovate visive e scenografiche, un *pamphlet* apocalittico e un horror irraggiungibile, film del brivido che è anche una lucidissima e lungimirante riflessione sulla società delle immagini e sul loro smodato, inesausto proliferare schizofrenico, e quant'altro.

Che attinge dichiaratamente ad Howard Phillips Lovecraft, a uno dei suoi capolavori, *Alle montagne della follia*, e al suo mito di Cthulhu, a Stephen King, alla letteratura alta e bassa, fumettistica od orrorifica, a Edgar Allan Poe e ai suoi *Racconti del terrore*, e genialmente miscela il tutto con classe ineguagliabile, figlia dell'eleganza e dell'ipnotismo narrativo di John Carpenter.

Un Carpenter ai suoi massimi livelli. Che al solito è anche autore della clamorosa colonna sonora.

Unica "pecca": di solito, nelle cliniche psichiatriche, non concedono ai pazienti di usare materiale contundente, come potrebbe essere una matita appuntita. Matita che invece viene data a Trent.

Perché i pazienti potrebbero ferirsi o lacerarsi la pelle. O addirittura bucarsi i polsi.

E come ha fatto Trent a disegnarsi sul viso, sulle guance e sulla fronte delle croci così sapientemente, simmetricamente realizzate a regola d'arte?

E, soprattutto, com'è riuscito con una sola matita a dipingere tutta la stanza tappezzata?

Ma perdoniamo a Carpenter questa, probabilmente volontaria, svista, perché ci pare una licenza prettamente poetica per meglio cesellare e disegnare la figura archetipica di Trent/Sam Neill.

E ricordate, come dice Linda a John: *sani e pazzi potrebbero scambiarsi i ruoli. Se un giorno i pazzi fossero la maggioranza, lei si ritroverebbe dentro una cella imbottita.*

13.
Village of the Damned

Dopo ***Il seme della follia***, considerato a ragion veduta una delle sue massime opere, apogeo di tutta la sua personale e affascinante poetica, John Carpenter si presenta alle platee mondiali con ***Villaggio dei dannati***. Sì, questo il titolo esatto, anche se probabilmente i distributori italiani hanno peccato d'indelicatezza nella traduzione, troppo letterale, che invece abbisognava dell'articolo determinativo davanti. Ma si sa, si è spesso frettolosi e, per sbadata adesione a un'erronea filologia traduttiva, si casca paradossalmente nell'inesattezza più sconcertante. O meglio, a essere precisi, in maniera stupida, con ogni probabilità lo si è intitolato così per differenziarlo dall'originale, di cui questo è un remake sui generis, cioè ***Il villaggio dei dannati*** del 1960 per la regia di Wolf Rilla.

Film considerato minore o addirittura sbagliato, che all'epoca fu assai disdegnato da tutti. Il pubblico rimase interdetto dinanzi a tale oggetto strano, così lo potremmo definire, e inclassificabile, arrivando alla sin troppo scontata e pressappochistica conclusione che Carpenter, stavolta, imbrigliato da una pellicola girata su commissione, non avesse affatto centrato il bersaglio, rimanendo intrappolato in quello che fu sbrigativamente, superficialmente etichettato come uno sconclusionato pasticcio. Nemmeno la Critica gli fu benevola, anzi, addivenne a giudizi a mio avviso scorretti e fastidiosamente, repentinamente drastici, che liquidarono il film, categorizzandolo tra i "dimenticabili". E snobbando l'opera con manifesta, ingiusta irrisione.

Che fu invece soprattutto ricordata per aver offerto al compianto Christopher Reeve (**Superman**) uno dei suoi ultimi ruoli, se non l'ultimo addirittura, prima della tragica paralisi che lo colpì e lo costrinse sulla sedia a rotelle. E che a causa dell'aggravarsi della sua salute, già molto cagionevole, tanto lo debilitò da portarlo precocemente alla morte, avvenuta per infarto, a soltanto cinquantadue anni.

Il film è un parziale rifacimento, come detto, del film degli anni sessanta, che però sposta l'ambientazione dal Regno Unito agli Stati Uniti. La località nella quale si svolge la vicenda si chiama sempre allo stesso modo, cioè Midwich, ma stavolta ci troviamo all'interno di una città costiera californiana.

La sceneggiatura è di David Himmelstein e attinge, parimenti all'originale, al romanzo fantascientifico di John Wyndham, *I figli dell'invasione* (*The Midwich Cuckoos*).

La trama è semplice, molto lineare...

A Midwich, la popolazione all'improvviso, come un fulmine a ciel sereno, viene colpita da una sorta di *black-out* collettivo, si addormenta e cade in momentaneo stato di trance.

Al risveglio, dieci donne, alcune peraltro vergini, all'unisono rimangono miracolosamente incinte. Trascorsi nove mesi esatti, nella stessa notte tutte partoriscono i loro rispettivi bambini. Ma una bambina nasce morta, cioè non è sopravvissuta al parto, per asfissia polmonare. E il suo feto viene rubato e prelevato dall'enigmatica dottoressa Susan Verner (Kirstie Alley), che pare già sapere che i figli di questo parto di massa sono e saranno dei mostri, dei bambini dai capelli albini e platinati, dotati di malvagissimi poteri telepatici, capaci di far commettere alle persone, con la loro malevola influenza psichica, degli atti scellerati, autolesivi. Sì, i bambini possiedono l'aberrante dono di poter plagiare le menti delle persone, tanto da indurle perfino al suicidio o a gesti riprovevoli.

I bambini crescono e si coalizzano, vivendo in perfetta, angosciante simbiosi. Pare che non provino emozioni, tanto sono spietati, crudeli e robotici. Soltanto uno di loro, David, è capace davvero di provare emozioni. A differenza degli altri che, appena avvertono sentimenti negativi nei loro riguardi, si vendicano dei loro torturatori, David sa invece entrare in profonda, umanissima empatia con la gente del paese, sa sondare nelle loro personali afflizioni per discernere, carpire e capire meglio i dolori che tanto li tormentano. E sa angelicamente comprenderli. Ciò non viene esplicitato del tutto ma è sottilmente sottinteso.

Il resto lo scoprirete guardando il film.

Film molto classico, con bellissime inquadrature iniziali ove la macchina da presa sorvola la costa e plana, a volo di elicottero, sulla vegetazione, infondendo allo spettatore un vertiginoso, cataclismatico senso già molto alienante di distopica placidità perturbante.

Un film, sì, imperfetto, ma invero anche molto seducente, girato davvero come fosse un film degli anni sessanta, e parte del merito di questo sapiente aggiornamento fedelmente retrospettivo va al direttore della fotografia, Gary B. Kibbe, immancabile creatore di atmosfere ammalianti quando lavora col suo fido maestro John.

Capace d'illuderci stupendamente di essere catapultati davvero in una pellicola più antica rispetto al tempo nel quale è stata filmata.

Un film pregiato d'annata dal sapore, appunto, *vintage*. Perfino il soffuso logo iniziale della Universal, ad apertura degli *open credits*, pare volutamente spuntare e provenire da un'intrigante pellicola anni 50/60.

Un film dal pacato ritmo soporifero come se, assistendovi, noi stessi spettatori rimanessimo sotto ipnosi, un film carezzevolmente ondulato e morbido. Spiazzante.

Film dai toni plumbei e dalle tonalità di colori opachi con sprazzi di vivacità da Cinema espressionista.

Film che gioca apposta sul colore delle cornee, delle lucenti e traslucide iridi dei protagonisti e dei loro occhi da marziani, sia quelli dei bambini, ritoccati digitalmente dagli effetti speciali della Industrial Light & Magic, sia quelli degli umani adulti.

Appositamente Carpenter infatti sceglie come interpreti Christopher Reeve, famoso per il suo sguardo languido e acquoso, dà un piccolo ruolo a Michael Paré, uomo dagli occhi blu, e si concentra soprattutto sulle sfumature espressive dello sguardo perversamente ambiguo, fatale e ipnotico di Kirstie Alley, che pare la sorella dell'altrettanto aliena e inquietante Meg Foster di **Essi vivono**. E, come nel caso di *They Live*, il film, se guardato attraverso quest'ottica, diviene profeticamente un'altra riflessione sul potere dello sguardo e della vista.

Non tutto funziona, e il film è indubbiamente un po' attorcigliato su sé stesso, non prende mai davvero il volo, resta un po' fiacco e strozzato.

Ma è elegantissimo, da ricordare anche per le presenze, invero soltanto accessorie ma comunque funzionali, della bella Linda Kozlowski (**Mr. Crocodile Dundee**) e di Mark Hamill (il mitico Luke Skywalker di **Guerre stellari**).

14.
The Ward

The Ward è un film considerato del 2010, sebbene dobbiamo essere precisi in merito. Fu presentato in anteprima mondiale, infatti, al Toronto International Film Festival il 13 Settembre, appunto, del 2010. E poi subito dopo, da noi in Italia, al Torino Film Festival, il 28 Novembre dello stesso anno. Uscendo però nei nostri cinema, distribuito dalla BIM, il primo Aprile del 2011. Vietato ai minori di 18 anni per via delle molte scene violente e splatter. Negli Stati Uniti invece, vista la freddissima accoglienza della Critica e lo scarsissimo successo di pubblico ottenuto in Europa, è stato immediatamente confinato al mercato *home video*. Saltando a piè pari la distribuzione in sala.

A tutt'oggi, è l'ultimo lungometraggio di John Carpenter, che, da quel lontano 2010, non ha più diretto nessun altro film. E immensamente me ne dispiaccio perché, se **The Ward** dovesse rimanere l'ultima sua pellicola, non posso obiettivamente affermare che John si sia congedato dalla regia cinematografica con un'opera indimenticabile. Tutt'altro.

A nove anni di distanza da **Fantasmi da Marte**, insomma, noi suoi estremi ammiratori sfegatati non abbiamo potuto che rimanere un po' delusi dal suo ritorno. Stanley Kubrick, quando uscì "postumo" con **Eyes Wide Shut**, fece intercorrere più di un decennio dalla sua precedente opera, **Full Metal Jacket**, ma il suo *comeback* fu decisamente in linea con le enormi aspettative di noi cinefili, perché **Eyes Wide Shut**, *ça va sans dire*, è incontestabilmente un capolavoro. E tanta enorme attesa fu ripagata appieno.

No, non fraintendetemi, **The Ward** non è affatto un brutto film, è un gioiellino figlio del suo autore, con tutti i suoi splendidi crismi, una sua creatura a tutti gli effetti, ma devo essere equanime e indubitabilmente imparziale nel criticare i suoi tanti ed evidenti difetti, e non posso esimermi dall'essere un po' duro, per quanto mi stringa il cuore fare ciò.

No, siamo molto lontani dai suoi capolavori. E si mettessero l'anima in pace i fan irriducibili di John (ai quali peraltro io stesso mi annetto ma dai quali, a causa della mia coerente obiettività schietta, stavolta mi dissocio), se qualcuno osa dir loro che, anziché difendere a spada tratta questo film, per puro, istintivo amore viscerale, spassionato e romanticissimo nei riguardi del suo comunque impareggiabile autore-maestro (si sa, l'amore è cieco e irrazionale), oscurati dalla loro irrimediabile idolatria che non vuol sentir ragioni, continuando orgogliosi a sostenere che anche **The Ward**, appunto, sia un'opera massima e incriticabile, dovrebbero essere molto più onesti e guardare in faccia la realtà.

No, capolavoro non lo è. Minimamente.

La trama è parossisticamente semplicissima. Ah, premetto che, se vorrete continuare nella lettura di questa mia recensione, gli *spoiler* abbonderanno a dismisura, quindi, se non avete (imperdonabilmente!) visto il film, astenetevi dal proseguire perché vi dirò tutto.

Una ragazza di nome Kristen (Amber Heard), dopo aver dato fuoco a una vecchia fattoria, viene internata. Sì, vien trascinata con la forza in un lugubre ospedale psichiatrico. Kristen, rinchiusa e sedata in maniera coatta, tenterà in ogni modo di giustificare la sua sanità mentale, cercando di dimostrare che il suo internamento è soltanto figlio di un madornale equivoco. Nel frattempo, stringerà amicizia con altre giovani pazienti ricoverate lì oramai da una vita. E ben presto si accorgerà che il reparto nasconde un orribile segreto, perché via via le ragazze, a una a una, spariranno nel nulla. Sì, inspiegabili sparizioni avverranno, di notte, al tonar crepitante e tremebondo dei fulmini, e un'inquietantissima figura di donna-zombi attenterà all'incolumità delle ragazze, apparendo a Kristen più e più volte in maniera allucinatoria.

Kristen è davvero pazza e soffre di deliri allucinativi oppure il manicomio è realmente un posto mostruoso ove si cela, acquattato al buio, il babau delle nostre paure più inconsce?

Un babau che par provenire dai mostri di Wes Craven, un viscido, inafferrabile incubo a occhi aperti che, nel *nightmare* terrorizzante dell'insondabilità profonda, si anima di forza ancestrale e divora i suoi figli più cari, inghiottendoli nella sua bramosa, luciferina, putrefacente orridità.

Ma poi ci sarà l'imprevisto *coup de théâtre*, il *twist* finale, chiamatelo molto più banalmente inaspettato e rivelatorio colpo di scena, che mischierà tutte le carte in tavola, fornendoci una prospettiva retrospettivamente esegetica dell'intera storia.

The Ward... un film uscito con qualche mese di ritardo rispetto all'analogo ***Shutter Island***, soltanto per diverse logiche distributive ma probabilissimamente girato in contemporanea al film di Scorsese, quindi non si può imputare a Carpenter la "colpa" di aver copiato dal film con DiCaprio. Ma possiamo certamente asserire in tutta franchezza che l'espediente della sconvolgente rivelazione finale è oramai abusatissimo, e Shyamalan *docet*, ma Hitchcock n'è stato fautore e il capolavoro incompreso di Alan Parker, ***Angel Heart***, è a mio avviso in questo senso un modello tutt'ora insuperato di finezza strutturale, una vetta ancora magneticamente irraggiungibile, un congegno a orologeria ben più plausibile e strutturato di ***The Ward***. Che invece, anche a una seconda visione, lascia perplessi riguardo alla verosimiglianza della vicenda narrata e presenta dei buchi narrativi impressionanti che, con tutto il bene che possiamo volere a Carpenter, ci lasciano assai fastidiosamente interdetti.

The Ward è insomma un filmetto ammantato di autorialità solo per il fatto di essere stato diretto da un innovatore, da un gigantesco pioniere del **new horror**, da un istitutore avanguardistico dei meccanismi della suspense, che anche in questo caso comunque funziona a meraviglia, o è un'opera da amare a prescindere, a torto, perché appunto generata, firmata, ideata e sigillata dal suo colossale, imbattibile poeta-autore?

The Ward si apre con dei magnifici titoli di testa e pare un film anni ottanta spu(n)tato nell'anacronistico 2010.

E a sessantadue anni (tanti ne aveva quando ha girato questo film) John Carpenter dimostra ancora di saper stilisticamente reinventare i suoi stessi *topos*, che da **Dark Star** in poi sono stati, immarcescibilmente, un suo riconoscibilissimo marchio di fabbrica. Col solito stilema, qui *à la page*, di un posto chiuso e claustrofobico senza vie di fuga che soffoca i protagonisti delle sue storie, costretti a combattere spesso contro una minaccia invisibile, assediati da forze misteriosamente invisibili e fantasmatiche. E John è come sempre affezionato alle sinistre e anguste strutture psichiatriche perché, ricordiamolo e ribadiamolo, Michael Myers di **Halloween** fuggì da una di queste prigioni dell'anima, seminando terrore e panico, Sam Neill de **Il seme della follia** venne ghettizzato a livello manicomiale, e Jena Plissken dovette combattere per la sua vita in una grandissima prigione pazzescamente asfittica, New York, mentre in **Distretto 13** era già racchiusa esemplificativamente in maniera acutissima tutta la summa di un altro attinente, stilistico e filosofico suo tratto distintivo immancabile, quello dell'uomo, abbandonato in un *"bunker"* quasi, oserei dire, metafisicamente sganciato dall'esterno, costretto a sopravvivere dinanzi all'ignoto incombente che salta fuori dal nulla. E lo opprime fra le barriere di una sorta di carcere infernale, soffocandolo, straziandolo.

E **The Ward** diventa quindi, ancora una volta, un metaforico, pessimista, nerissimo film sulla società. Perché la società stessa, con le sue insindacabili regole falsamente, (a)moralmente coercitive, è un grande, accerchiante manicomio da cui, pare dirci John sardonicamente, nessuno può scappare. Siamo liberi, come individui, a livello puramente fantasioso e illusorio ma, chi più chi meno, siamo tutti schiavi degli ingranaggi sociali, ideologici, educativi, pedagogici, lavorativi e persino famigliari.

Come diceva al solito illuminatamente Carmelo Bene... a sua volta citando Deleuze:

On n'échappe pas de la machine... **non si sfugge da-alla macchina.**

Chi sceglie la libertà, sceglie il deserto. Se la democrazia fosse mai libertà. Ma la democrazia non è niente, è mera demagogia...

Non si scappa. Uscendo dalla catena di montaggio, la macchina, la catena di montaggio si fa ancora più forte nella vostra strada che percorrete, poi nel tram, poi in auto, poi a casa, in famiglia... aumenta ancora, si fa sentire l'oppressione della catena di montaggio, si fa sentire il nulla *della vita. L'oppressione... financo nell'amore, nella rivoluzione ancora di più e, soprattutto, l'oppressione si sente, si risente, nell'**entusiasmo**...*

Kristen è Alice, Alice è Kristen, Alice è ora guarita. Da cosa in realtà è guarita? Da nulla. Fittiziamente guarita. Perché dallo specchio, lo stesso specchio disgregato, frantumato, spezzato della sua memoria, lo specchio dei titoli di testa, dall'ambiguo specchio figlio de **Il signore del male**, che si fa qui congiunzione tangibile ed ectoplasmatica diabolicamente inestirpabile, personalità multipla mentalmente invincibile che ora puoi toccare, vedere e guardare negli occhi, echeggerà sempre il mostro maligno della nostra aberrante condizione umana.

Perché, dopo aver passato tutta l'adolescenza chiusa in manicomio, a vivere di una sua immane, delirante fantasia, Alice può adesso tornare alla vita normale, riabbracciare i genitori, è stata dimessa dalla (sua) struttura, dalla sua follia ma, invero, il mondo che l'aspetta là fuori, il mondo che a noi tutti pare rassicurante e tranquillo, è solo un'altra propagazione del manicomio stesso, un manicomio più esteso e ancor più subdolo, strozzante, un posto terribile che toglie il respiro. Ancor più inconsciamente agghiacciante e crudele. Che non ci seda farmacologicamente, ma ove non potremo mai essere pienamente, entusiasticamente liberi, ove saremo perennemente ricattati e compressi da chiunque, insidiati e assediati, soprattutto avviluppati dai nostri demoni interiori.

In questa chiave interpretativa allora **The Ward** è un film carpenteriano, ed è un grande film.

Nel resto, nell'assurda e insostenibile illogicità narrativa, nelle figure di contorno, scialbe, tagliate con l'accetta, incolori e caricaturali, improponibili come nel caso dello psichiatra-direttore, è un film già visto, se non addirittura imbarazzante e ridicolo. Nelle scene truculente simili al peggior Cinema di Rob Zombie.

Sceneggiano i fratelli Rasmussen, Michael e Shawn, e il film dura 1h e 29 min. La fotografia, alle volte perfino un po' patinata, è di Yaron Orbach, ma grazie a quel sopraffino *metteur en scène*, ch'è Carpenter, diventa non poche volte notevolmente, suadentemente pittorica, mentre la bellissima scenografia di Paul Peters, che sfrutta il vero Eastern Washington State Mental Hospital, rimembra l'Overlook Hotel, appunto, del kubrickiano, immortale **Shining**.

Il ruolo dello psichiatra Gerald Stringer è interpretato dal figlio di Richard Harris, Jared, mentre una delle giovani ragazze, Emily, è interpretata da Mamie Gummer, figlia di Meryl Streep e dello scultore Don Gummer.

La cattivissima infermiera Lundt è interpretata alla perfezione da Susanna Burney, ed è chiarissimo che sia l'omaggiante reincarnazione della memorabile, devastante Louise Fletcher di *Qualcuno volò sul nido del cuculo*.

15.
Vampires

Nel 1998, per la durata di un'ora e quarantotto minuti, John Carpenter esce con lo strepitoso **Vampires**. Uno dei film in effetti più lunghi della sua carriera che, appunto, sfiora le due ore di durata. Ma quasi due ore di adrenalina pura come il Cinema di genere più autoriale, ferino e secchissimo, asciutto come il viso rapace del butterato e purulento, violento James Woods. Cinema paradigmatico della poetica di John e concentrato a sua volta di sottogeneri triturati, organizzati, miscelati, frammentariamente coagulati, viscerali e armonizzati in un film che non lascia un sol istante di tregua, godibile al massimo, che scorre tagliente, radente come un'affilatissima, sbudellante lama a stuzzicar la nostra pelle e a squartarla di zampillante, euforica, sanguinosa estasi cinefila. Quella più ribalda e splendente. Vampirismo cinematografico esso stesso ancora una volta ispirato ad Howard Hawks, che attinge al crepuscolarismo di Sergio Leone, coi suoi ossessivi primi piani insistiti, le sue *zoomate* e i suoi *ralenti* calibrati con ardente, passionale classe da campione di razza qual è Carpenter. E chi sennò? Un film che è un horror di origine controllata, un western atipico di bruciante epicità smisurata, un *road movie* divertentissimo e cazzuto, tutto e di più. Un classico, rigoroso, piccolo capolavoro che, nell'inaridito, disidratato del ridicolo cinemino oramai agli sgoccioli e alle porte del nuovo millennio, in cui venivamo invasi da stupidate banalissime, già rifulse in piena gloria. E al solito fu incompreso, osteggiato e picchiato dalla Critica. Un film al mille per mille di John Carpenter, che qui, spiazzando tutti, reinventa sé stesso, *shakera* la *novel* di John Steakley, *Vampire$*, nell'adattamento di Dan Jakoby, e ci offre un delizioso spettacolo perfidamente satanico nel suo angelico assurgere ed essere in toto Cinema trionfale con la sua diretta rudezza elegante che, a prima vista, potrebbe farci apparire questa pellicola come un bizzarro pastrocchio non privo di rozzezze truculente, e invece è magmaticamente, cruentemente, superba magnificenza.

Molti lo paragonarono e lo paragonano tutt'ora a **Dal tramonto all'alba** di Robert Rodriguez di due anni prima perché, sì, quasi identiche gli sono le ambientazioni del Nuovo Messico e i motel sudaticci nei quali, fragorosamente, con impeto selvaggio e carnale, splatter, deflagra la furia animale dei vampiri assetati di sangue.

Ma secondo me **Vampires** è nettamente superiore a ***Dal tramonto all'alba***, e non il contrario, affatto. Il film di Rodriguez, scritto e interpretato da Quentin Tarantino, resta uno spassosissimo film genialoide, ma in fondo rimane pur sempre una sciocchezzuola, un *divertissement* innocuo e burlone, sgangherato e cafone, e sfigura dinanzi a **Vampires**, Le esplosioni di violenza esibite da Rodriguez impallidiscono, appunto come un vampiro esangue, smorto e cereo, emaciato e illividito, se raffrontate al vivo ardore pirotecnico del film di Carpenter, ove l'ironia si mesce alla raffinatezza e ove l'uso delle musiche contrappuntano i momenti topici del *pathos* più romantico davvero come se ci trovassimo di fronte a un western da "mezzanotte di fuoco". A un film di Sam Peckinpah, fra scazzottate, bevute goliardiche, virilità amicale foscamente commovente, suadente e vespertina.

Un film ove il barbarico, grezzo James Woods, dalla camminata sbilenca, il giubbotto di pelle fuori moda, dall'aspetto mingherlino ma rapace e nervoso come un furbissimo volpino, alterna momenti di rabbia fumantina a sguardi silenziosi duri, implacabili e furiosamente espressivi, tirando fuori una delle sue migliori interpretazioni. Spesso nella sua carriera è stato eccessivo, qui ci sta da Dio da verissimo avventuriero carismaticamente bastardo.

Tosto, facilmente irritabile, che va dritto al sodo senza troppe sottigliezze, senza fronzoli e poi, sventrati i vampiri, procede per il suo enigmatico, imbrunito, decadentistico, dorato cammino. In questo film, sì, è divino.

Ove i vampiri non dormono nelle bare foderate come il Conte Vlad di Bram Stoker, sono spogliati di ogni aura romantica, insomma non sono Gary Oldman del **Dracula** di Coppola, e non sono neppure le creature dolci, efebiche e pallosamente omosessuali dei libri di Anne Rice.

Qui, il maestro vampiro è uno stronzo bestiale, inaudito, infrangibile e sovrumano, un *maudit* che s'ingozza del sangue delle sue prede scarnificate e lecca perfino voglioso le parti intime femminili, trangugiando piacere nel mordere le sue vittime come fosse un amplesso.

Si chiama Valek, traslato dalla regione d'origine proprio del Dracula di Stoker, la Valacchia. E possiede il fascino sensuale di un magnetico e fighissimo Thomas Ian Griffith, che indossa una tunica nerissima da sacerdote alla **Matrix**, incute a ogni sua apparizione davvero paura, e sembra realmente un Marilyn Manson seducente e dall'impressionante ascendente. Almeno il Manson dal carisma sbranatore e innegabile di quegli anni lì.

Trama...

Jack Crow (James Woods) e la sua banda scalcagnata di cacciatori di taglie si guadagnano da vivere nel dare la caccia ai vampiri. Li scovano e li bruciano vivi.

Crow è un uomo che ha una sola missione nella vita. Uccidere ogni vampiro ancora esistente per conto del Vaticano. Ma, adesso, dal sepolcro di un passato immemorabilmente lontano che pareva per sempre sepolto, è resuscitato il primo vampiro della storia, Valek, il più potente e minaccioso di tutti.

E Crow deve ora riuscire a ucciderlo prima che Valek possa completare il rituale sacro che gli permetterà di riuscire a vivere anche in pieno giorno. Sarebbe una sciagura per l'umanità perché un vampiro che vive alla luce del sole è un vampiro inarrestabile.

In questa sua avventura, Crow è accompagnato dall'unico collega e amico rimastogli, Anthony Montoya, detto Tony (Daniel Baldwin), e da un prete (Tim Guinee) incaricato di accompagnarlo nell'impresa.

I tre sono affiancati anche da una prostituta (Sheryl Lee), che è stata morsa da Valek, la quale dunque è in contatto telepatico con lui e può servire loro per spiare le mosse di Valek e poterli condurre alla sua tana.

Fotografia rossastra e poi cupa del fido Gary B. Kibbe, che gioca molto bene coi contrasti chiaroscurali notte/giorno, con le luci e i tramonti, creando una straniante atmosfera di morte, solitudine e angoscia, con le ombre, le rifrangenze lunari e i flebili raggi solari così come già aveva fatto con *Il signore del male*.

Qui però siamo fra le *pampas* e allora satura il tutto con una fotografia spesso e volentieri pigmentata di rosso acceso e aggressivo.

Daniel Baldwin non è mai stato così bravo e simpatico.

E poi dove avete mai visto dei vampiri uscire dal fango del New Mexico?

Quando abusate della parola cult, affibbiandola a delle stronzate, sappiate che va usata per un film così. E non per la robaccia che scambiate per buona.

Vampires, un film eretico, anticlericale, fuori da ogni schema ed ermeneutica, un film mitico e poliedrico.

Anno 1992 e Carpenter esce, dopo quattro anni da **Essi vivono**, con **Avventure di un uomo invisibile**. Film uscito, per l'esattezza, negli *USA* il 28 Febbraio del 1992, da noi invece molto in ritardo, a fine anno, il 3 Dicembre, in periodo quasi natalizio. Film della durata di 1h e 39 min., tratto dal libro di H. F. Saint e sceneggiato da Robert Collector, Dana Olsen e da William Goldman, autore di film come **Papillon**, **Tutti gli uomini del presidente** e **Butch Cassidy**.

Avventure di un uomo invisibile è un film su commissione, realizzato per la Warner Bros. Ma ancora una volta, non smentendosi mai, Carpenter, apportando non accreditato delle modifiche sostanziali alla sceneggiatura, trasforma quella che poteva essere semplicemente una commedia con risvolti fantastici in una riflessione sulla società americana. Da socialista qual è, non rinnegando i suoi credo politici, e spiattellandoci, con sottintesi e sottotesti più che chiari, la situazione socio-economica dell'America post-reaganiana, un attimo prima che Bill Clinton diventasse il nuovo Presidente degli Stati Uniti. Clinton fu infatti eletto proprio nell'anno 1992 e s'insediò alla Casa Bianca il 20 Gennaio del '93.

Permettetemi questa piccola parentesi "presidenziale" per inquadrare meglio il momento storico, post-yuppie, ancora traboccante di puzza rancida d'edonismo viscido.

E infatti il protagonista della storia è un uomo ambizioso, cinico, senza particolari ideali, che vive da nababbo nell'alta società di San Francisco.

Ma un giorno viene accidentalmente investito da una tempesta elettromagnetica che scompone le sue molecole. E da allora diventa invisibile.

Viene ricercato dai servizi speciali segreti che vogliono studiarlo e soprattutto usarlo addirittura come arma vivente in guerra. Perché, sì, se durante la Prima Guerra Mondiale gli Stati Uniti avessero potuto contare sull'invisibilità di un uomo capace d'infiltrarsi fra le linee nemiche, naturalmente senza farsi vedere, la cattura di Hitler sarebbe stata molto più facile.

Quest'uomo, ora travolto da un potenziale inimmaginabile che potrebbe essere sfruttato malignamente a fini bellici, si chiama Nick Halloway e viene incarnato con sufficiente ambiguità e sottile *charme* alquanto odioso da Chevy

Chase, la faccia giusta al momento giusto, come si suol dire. Un attore non particolarmente affascinante, anzi, perfino un po' antipatico, però adattissimo per la parte ingrata dell'uomo pieno di sé che, in seguito a questa fenomenale sciagura, per cui perde tutto, imparerà finalmente ad apprezzare le piccole gioie della vita.

Insomma, un'altra volta Carpenter gira un esplicito film metaforico. E il suo messaggio è puntualmente inequivocabile.

Adesso, Nick Halloway, spogliato di tutto, dopo questa bizzarra avventura, anzi, disastrata disavventura, rivedrà la vita con gli occhi giusti e forse apprenderà il valore della parola amore. Inaugurando con la sua bella Alice Monroe (Daryl Hannah) una nuova esistenza, all'insegna dei piaceri più autentici e puri. E rinnegando il suo passato da povero stronzo.

Ebbene, ***Avventure di un uomo invisibile***.

Che c'è altro da dire su questo film? Non molto, a dire il vero.

Un film che andò maluccio al botteghino, deluse non poco gli estimatori di Carpenter e che, anche rivisto oggi, appare disorganicamente sfilacciato e irrisolto. Oserei dire posticcio, sebbene non sia affatto un pasticcio. Si segue volentieri, possiede un buon ritmo ma decisamente non colpisce. Al di là dell'ennesima sfacciata critica di Carpenter al *way of life* americano e al suo capitalismo, al di là del solito Sam Neill bravissimo, e nonostante gl'ingegnosi effetti speciali, il film s'inceppa non poche volte e, dopo pochi minuti dall'averlo visto, nella nostra memoria svanisce. Inoltre, l'*escamotage* adottato da Carpenter per far sì che lo spettatore comprenda quando Chase è in scena, nonostante il suo personaggio sia invisibile agli occhi degli altri protagonisti, appare irrimediabilmente mal eseguito. Talvolta funziona e diverte, altre volte sortisce un effetto straniante, irritante e ridondante. Ma comunque rimane un film da vedere e, ripeto, appartiene di diritto all'*unicum* ideologico della poetica carpenteriana. Talvolta stanca, annoia ed è flosciamente privo di nerbo, ma in quest'ottica interpretativa, cioè quella politica, va iscritto.

Curiosità: John Carpenter, come da me scritto, ha contribuito personalmente a ritoccare lo *script* ma non è affatto ufficialmente accreditato come sceneggiatore del film, eppure Wikipedia sbaglia clamorosamente nell'affermare che è invece lui e solo lui l'artefice dell'adattamento del libro di Saint. Basterebbe riguardare i titoli di testa della pellicola per sapere la verità: *screenplay by Robert Collector &* *Dana Olsen and William Goldman.*

Il direttore della fotografia è William A. Fraker, che per la prima e ultima volta ha lavorato in un film di Carpenter.

Produce Arnon Milchan.

Da notare che da molte parti, perfino nella copertina dell'edizione italiana del *DVD*, il titolo riporta l'articolo davanti... **Le avventure di un uomo invisibile**.

Escape from L.A., Ghosts of Mars, Dark Star

A venticinque anni di distanza da **Escape from New York**, John Carpenter gira il fantomatico seguito di uno dei suoi grandi capolavori, **Fuga da Los Angeles**, rivitalizzando il leggendario Jena/Snake Plissken.

Ma più che un sequel è un remake della pellicola del 1981.

Non siamo più, appunto, a New York ma a Los Angeles. La trama è pressoché però la stessa. Los Angeles, dopo un terremoto cataclismatico che l'ha smossa dalla terraferma, è una città ora galleggiante, un'isola che fluttua nell'oceano a pochi chilometri dalla riva. Sì, il tanto ipotizzato Big One, il terremoto fantasticato e temuto dalle peggiori e cospiratrici fantasie ecologiche, superiore al decimo grado della scala Richter, ha staccato Los Angeles, e la città, così come avveniva per New York, è diventata una gigantesca prigione iper-sorvegliata ove son detenute tutte le persone che hanno infranto le leggi morali decretate dall'uomo più potente della Terra, il Presidente degli Stati Uniti. Il Presidente non ha più il volto da serpe melliflua e cinica ma tutto sommato innocua e buffa di Donald

Pleasence, bensì quello da cobra mortale di Cliff Robertson.

Siamo nel 2013.

E Plissken, ancora una volta, viene spedito quaggiù, stavolta non più per salvare la vita del Presidente, bensì per acciuffare la sua figlia viziata, che si è rifugiata qui assieme a uno stravagante e pericoloso *leader* peruviano che tanto assomiglia al Che. La ragazza è entrata in possesso di un telecomando potentissimo, capace di riposizionare i satelliti che orbitano attorno al nostro pianeta, un telecomando che, se si schiaccia il pulsante sbagliato, può azzerare ogni congegno e apparecchio elettronico e dunque farci regredire all'età della pietra, perché senza luce ci troveremmo catapultati in una dimensione primordiale e la nostra civiltà verrebbe spaventosamente, apocalitticamente annientata. Un'ecatombe planetaria, insomma.

Noi saremmo costretti a iniziare tutto daccapo, ridotti in uno stato di primitività, deprivati di ogni strumento e conquista tecnologica che milioni di anni di evoluzione e progresso ci hanno dato in dono.

La nostra intera umanità, così come la concepiamo oggi, precipiterebbe nel buio più totale, in una dimensione barbarica.

Film dalle moltissime intuizioni uscito nel 1996 che anticipò assai bene, a menadito, profetico potrei dire, la società plastificata e incivile di oggi, falsamente progredita. Una società alla **Brazil** di Gilliam ove le persone si rifanno e modellano chirurgicamente i visi in maniera orribile, visi che tutt'identici paiono delle gomme di *latex*, una società sull'orlo della crisi nervosa ove s'inneggia sempre alla rivoluzione dietro parate carnevalesche a sventolare orgogli farisei e invero poi incapace di cambiamenti sostanziali, una società da paese dei balocchi in cui sembra che si giochi a rivali sfide infantili per l'affermazione più scimmiesca delle proprie dignità ridicole, già deturpate, lese, abbruttite da un'innata apatia esistenziale inaudita, una società che nichilisticamente Jena smantellerà in un istante, premendo sul tasto impossibile del suo clamoroso azzardo follemente immenso, a elevazione strafottente, lungimirante e dorata di titanica dissipatezza grandiosa verso tutto il nostro enormemente sbagliato sistema già originariamente obsolescente, un gesto che profuma di crepuscolare epica ardimentosa.

Perché il mondo è irrimediabilmente pazzo forse dalla nascita, e Jena è nientemeno che il prodotto di questo avariato, inquinato globo terrestre che va necessariamente ripristinato con cosmogonica follia essa stessa più grande di ogni regola balorda che, come uomini, sin a oggi, ci siam creati, che c'ha dominato e illusoriamente preservato in chimere perbenisticamente, indottamente, biecamente istruttive e moralmente, invero, soltanto autodistruttive. In quanto orridamente erronee già alla partenza e distorsive di ogni concetto di civiltà possibilmente sociale e umana.

È stata tutta una fottuta Utopia con la U maiuscola come il personaggio centrale del film. Un incanto irreale e fragilissimo, un fallace incantesimo che va quindi bruciato in un estremo atto funerario che ristabilizzi l'ordine naturale delle cose, da noi uomini, sin dagli albori della notte dei tempi, traviato, tradito, stuprato e immondamente essiccato e sciupato.

Tutto, tutto è stato grottesco, allucinante, putrescente, surreale e sbagliato alla base. Perché cos'ha generato l'uomo nel corso dei secoli e dei millenni se non morte, terrore, alienazione, oscena suddivisione fra classi, caste ingiuste, scontri a fuoco per il monopolio delle proprie malate ideologie?

A Jena perciò bastano i polpastrelli delle mani per spegnere questo depravato tutto assoluto scandalosamente immorale e luttuoso.

Lui è l'amoralità totale. Se ne frega.

Insomma, Carpenter ci fa capire che, se non fosse stato sufficientemente chiaro con **Fuga da New York**, e quel suo finale poteva apparire soltanto un ambiguo sberleffo a un mondo patetico ma comunque rimediabile, al quale offrire ancora leggera speranza, se comunque, nonostante tutto, questo nostro mondo si poteva salvare dalla catastrofe più ineluttabile, adesso non può più.

Una possibilità, più di una, gli è stata varie volte offerta. Ora non si può più scherzare. Mai più...

Carpenter, allora, nel 2001 gira **Fantasmi da Marte**.

Un **Distretto 13** ambientato su Marte. Ove Ice Cube si chiama Desolation (Desolazione) Williams, in omaggio all'immortale Napoleone Wilson. Un nero al posto del bianco e il Tenente stavolta è una donna androgina bellissima e bionda, Natasha Henstridge. Ove i mostri marziani paiono degli zombi di Romero a metà strada fra i *vampires* dello stesso John e i Kiss.

Desolation doveva essere inizialmente proprio Jena Plissken e il film avrebbe dovuto intitolarsi *Fuga da Marte*. Ma *Fuga da Los Angeles* andò malissimo negli incassi e si preferì variare...

E *Fantasmi da Marte*, bistrattato, sottovalutato, ricoperto dalle peggiori critiche e insulti, rimane un giocosissimo *déjà vu* pazzesco, orchestrato con auto-citazionistico gusto per la caricatura, per l'eccesso, sparato a mille negli occhi dello spettatore quasi fosse una colonna sonora metallara e *rock*.

Che emana fascino sbruffone e burlesco, stralunato come *Elvis*...

Perché John sa che lui stesso è partito con e da *Dark Star*. Un oggetto cinematografico stranissimo, figlio dei kubrickiani *Dottor Stranamore* e *2001: Odissea nello spazio*.

Un film di astronauti folli in giro nel vuoto spaziale, ma anche uomini da *Aspettando Godot* nel vuoto dissociato, distopico e psicotico nostro umanamente insensato.

Vacanzieri eterni e nell'etere di un mondo ove l'uomo ha creato la Bomba Atomica, e in un mondo così infatti che senso ha essere persone normali? Meglio farsi fascinare dalla nostra stessa follia e assecondarla con gusto, ridendoci sopra.

18.

John Carpenter's Cigarette Burns

Finiamo con questo TV-movie della durata di 59 min., per la prima volta trasmesso da Showtime il 16 Dicembre del 2005.

Carpenter aveva di buon grado accettato all'epoca di dirigere due episodi della serie **Masters of Horror**. Prima, appunto, questo **Cigarette Burns** e poi **Pro-Life** del 2006.

Parliamo brevissimamente di **Cigarette Burns**. Episodio numero otto della prima stagione, e il migliore in assoluto.

La trama è questa: il proprietario di un cinema d'essai, di nome Kirby (Norman Reedus), cinema nel quale stanno proiettando **Profondo rosso** di Dario Argento, viene incaricato da un riccone (Udo Kier nella parte di Bellinger) di rintracciare e recapitargli, dietro un grossissimo compenso, la probabilmente unica copia rimasta in circolazione di un film rarissimo e maledetto, *La Fin Absolue du Monde*.

Film proiettato trent'anni prima in forma privatissima, che fece impazzire gli spettatori. Spettatori che, inorriditi dalla sua visione, furono preda della follia più cannibalesca. Un film subliminale all'ennesima potenza, incarnazione in celluloide del Male più sovrano.

Nel cortile del riccone, vi è un angelo pallidissimo con le ali spezzate. Figura inquietantissima e allo stesso tempo ispiratrice di profondissima compassione. È un cherubino o il demonio?

Il ragazzo riuscirà, dopo tanta violenza e alcune teste mozzate, in atmosfere macabre da Cinema *snuff*, a trovare l'unica copia ancora esistente e intatta del film. E la consegnerà al proprietario. Sarà allora che scoppierà il male titanico a sbudellare tutti quanti, in una sarabanda truculenta ed efferata di carne martoriata e budella strappate dalle viscere della propria viscidità.

Cigarette Burns è una piccola perla *horrorissima* dai molteplici significati. Una riflessione non snob sul potere incommensurabile del Cinema stesso, e al contempo un pugno allo stomaco tremendo contro il buonismo della falsa Hollywood dei sogni smielati e di plastica.

E si segue dall'inizio alla fine con ipnotico interesse. Nonostante i limiti di una fotografia certamente troppo televisiva, da tivù appunto via cavo, e la recitazione non propriamente eccelsa di Reedus. Abbastanza monotona, inespressiva e stolidamente passiva.

Ma dovete comunque gustarvelo. Non è un capolavoro, ma un cruentissimo divertimento di rara pregevolezza.

19.
Filmografia

2017 **John Carpenter: Christine** (cortometraggio)

2016 **John Carpenter: Escape from New York** (cortometraggio)

2016 **John Carpenter: Distant Dream** (cortometraggio)

2010 **The Ward - Il reparto**

2005-2006 **Masters of Horror** (Serie TV) (2 episodi)

- Pro-Life (2006)

- John Carpenter's Cigarette Burns (2005)

2001 **Fantasmi da Marte**

1998 **Vampires**

1996 **Fuga da Los Angeles**

1995 **Villaggio dei dannati**

1994 **Il seme della follia**

1993 **Body Bags - Corpi estranei** (film per la TV) (segmenti "The Gas Station", "Hair")

1992 **Avventure di un uomo invisibile**

1988 **Essi vivono**

1987 **Il signore del male**

1986 **Grosso guaio a Chinatown**

1984 **Starman**

1983 **Christine - La macchina infernale**

1982 **La cosa**

1981 **1997: fuga da New York**

1980 **Fog**

1979 **Elvis, il re del rock** (film per la TV)

1978 **Procedura ossessiva** (film per la TV)

1978 **Halloween - La notte delle streghe**

1976 **Distretto 13: le brigate della morte**

1974 **Dark Star**

1969 **Captain Voyeur** (cortometraggio)

1969 **Gorgon, the Space Monster** (cortometraggio)

1969 **Gorgo Versus Godzilla** (cortometraggio)

1969 **Sorcerer from Outer Space** (cortometraggio)

1969 **Warrior and the Demon** (cortometraggio) (as John Carpenter)

1963 **Terror from Space** (cortometraggio)

1962 **Revenge of the Colossal Beasts** (cortometraggio)

20.
Final credits

Sì, a uno a uno ho visto, rivisto, recensito nel mio stile, che spero possiate aver apprezzato, tutti i film di Carpenter, tranne un paio, considerati per la televisione. Sui quali non v'è necessità che mi pronunci perché meritano di essere amati nonostante qualche evidente lor limite, anche se io sol nella filmografia li ho menzionati.

Ma, se dovessi star a parlarvi di tutte le opere di Carpenter anche come produttore o compositore, mi dovrei rivolgere a una stazione intergalattica da **Essi vivono**. Forse, l'unico luogo adatto a raccogliere e ad archiviare l'interezza completa della variegata, indistricabile vastità immensa della sua infinita produzione.

Ho perciò cercato, con questo mio libro, definitelo saggio monografico bizzarro e personale, se tale definizione vi aggrada e il vostro fine gusto solletica, d'inquadrare seccamente ma al contempo in maniera piuttosto esaustiva e precisa tutte le sue pellicole più pregiate, dai suoi grandi capolavori fino alle sue opere meno perfette ma altrettanto meritevoli di continue, imperterrite visioni e revisioni.

E ora son qui, in questa notte imperitura come il grande Victor Wong. A respirare il buio in attesa di altri crepuscoli e solari, albeggianti giorni audaci.

Nell'ambiguità di questa vita increspata e inebriata da un irresistibile, incontaminato profumo di Cinema caldamente misterioso.

Vivificato dal mio **Prince of Darkness**...

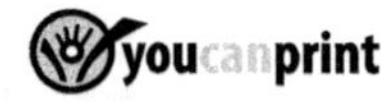

Finito di stampare nel mese di Novembre 2018
da Andersen S.p.A.
per conto di Youcanprint *Self-Publishing*

www.ingramcontent.com/pod-product-compliance
Lightning Source LLC
LaVergne TN
LVHW020336200726

843507LV00012B/2382